WHITE EAGLE

GEBETE IM
NEUEN ZEITALTER

Gebete und Invokationen

AQUAMARIN VERLAG

Titel des englischen Originals:
PRAYER IN THE NEW AGE

Übersetzt von Jana Faust

3. Auflage 1986

Aquamarin Verlag

Voglherd 1 · D- 8018 Grafing/München

ISBN 3-922936-14-8

Jürgen Mayer KG · Haunwang 1 · 8311 Eching

INHALT

EINFÜHRUNG

Einst sprach Jesus – lehren will ich euch, wie ihr beten sollt. Er sagte, – wenn ihr betet, so geht in euer stilles Kämmerlein und schließt die Türe zu.

Das heißt mit anderen Worten: Ausschließen sollt ihr all den täglichen Lärm und Tumult aus euren Gedanken und aus eurer Umgebung. Schlicht und einfach geht in die innerste Kammer eures Herzens und betet: «Unser Vater-Mutter-Gott, der Du bist im Himmel, geheiligt sei Dein Name. Dein Reich komme zu uns auf Erden.»

Wo ist nun dieser Himmel, und was soll er für uns bedeuten? – Der Himmel ist ein Ort der Harmonie, ein Zustand des Glücklichseins. Inmitten all des Lärmens und der Unruhe unserer materiellen Welt können wir oft gar nicht mehr richtig glücklich sein. Wir müssen uns daher tief in unser innerstes Selbst zurückziehen.

«Geht in den Himmel zu eurem Vater und ruft den Namen Gottes an. Und wenn ihr das getan habt, dann betet und dann arbeitet auch in eurem Leben dafür, daß Gottes Königreich sich auf Erden verwirklichen kann.»

Das sind Worte von White Eagle, die uns sagen, wie wir unsere Gebete und Meditationen beginnen sollten. Im Geiste dieser Worte versieht White Eagle seine Arbeit. Niemals rät er uns, den Kontakt zu Gott in abgeschiedenen Regionen zu suchen. Auch spricht er nicht davon, daß ein solcher Kontakt nur Menschen vorbehalten bleibt, die ein besonders religiöses Leben führen; denn gerade auch Menschen, die zum Beispiel ganz in der Sorge für ihre Familie aufgehen oder verantwortungsvolle Pflichten in der Öffentlichkeit ausüben, können oft einen rein intuitiven Kontakt zu den inneren Welten finden, zu dem Funken des Göttlichen, der in ihnen selbst ruht. – Und dieses kleine Licht, dieses winzige Samenkorn göttlicher Liebe, das lebt ja im Inneren von uns allen, im Herzen eines jeden Menschen.

Allen Menschen, mit denen White Eagle eng verbunden ist – ganz gleich, welchen Lebensweg sie gehen oder welcher Geisteshaltung sie folgen – hat er immer wieder einzuprägen versucht, daß die Begegnung mit Gott nur in unserem eigenen Herzen geschehen kann.

So oft wir White Eagle's Lehren hören, scheint es uns, als ob er uns Wahrheiten enthüllt, die es schon immer gegeben hat, die nur unseren Seelen vielleicht noch verborgen waren. – Und das Gewahrwerden Gottes in uns selbst und um uns in der äußeren Welt, das geschieht noch nicht einmal mit besonderen Anstrengungen, die wir unternehmen müssen, sondern einfach durch ein Gewährenlassen, und dadurch, daß wir Ruhe finden in der Stille unseres eigenen Herzens.

Eines der Gebete im ersten Kapitel dieses Buches kündet von der Suche nach der Stätte der Reinheit, Wahrheit und Liebe im Zentrum unseres eigenen Seins. Wir suchen Christus in uns, und durch das Christus-Licht in unserem Inneren lernen wir: Dir, unserem Schöpfer, unserem All-Vater-Mutter-Gott zu dienen. Durch das Licht der Liebe in unserem Herzen geschieht es allmählich, daß unsere Seelen sich mehr und mehr Gott nähern können und sich Seiner immer stärker bewußt werden. – Der Ort der Stille in unserem Herzen ist stets gegenwärtig, ebenso wie der geistige Weg, der helle Pfad der Liebe, den man auch den verborgenen Pfad unseres tiefsten Seins nennt.

Allzu oft bedarf es erst der Erfahrungen von Glück und Leid, von Prüfungen und Irrungen, bevor die Seele lernt, in sich selbst Gott zu suchen und Gott zu finden. Es kommt jedoch die Zeit im Leben jedes Menschen, wo seine Seele sich bewußt oder unbewußt nach dem Lichte Gottes sehnt, damit ihm durch dieses Licht geholfen werde, sich zu entfalten und seinen Mitmenschen zu dienen.

Unser älterer Bruder White Eagle hat seinen Brüdern die Gebete, die in diesem Büchlein aufgezeichnet sind, in Liebe gegeben, um ihnen zu helfen, ihre Seelen dem Lichte Gottes zu öffnen.

Und seinen Gebeten wiederum ist gegeben, die ihnen innewohnende Kraft weit in das menschliche Leben hinauszustrahlen.

Wir hoffen, daß diese von so viel Liebe getragenen Worte allen, die sie lesen, helfen werden, den Christus-Geist zu erkennen und in ihrem eigenen Herzen zu entfalten. Mögen alle, die sich zu diesen Gebeten hingezogen fühlen, darin Stärkung und Inspiration finden und mit ihrer Hilfe, und in Bruderschaft mit allen übrigen Wesen unserer Welt, der Einswerdung mit All-Vater-Mutter-Gott näherkommen.

Neben den reinen Gebetstexten sind in diesem Büchlein auch Auszüge aus den Lehren von White Eagle enthalten. Diese – ebenso wie seine Gebete – sind außerhalb jeden Dogmas und jeder Glaubensrichtung, und wir hoffen, daß sie vielen Menschen Glück und seelische Geborgenheit schenken werden. White Eagle wendet sich in ihnen an alle Menschen verschiedenster Lebenskreise, die in Ehrfurcht und Liebe das Christus-Licht suchen.

Mag sein, daß mancher Leser vielleicht fürchtet, daß Meditationen und Gebete ihn von den Realitäten des Lebens wegführen könnten, wie das in der Vergangenheit der Menschheit ja auch oft genug der Fall war, – aber dem ist entgegenzuhalten, daß alle Handlungen der Menschen aus ihrem geistigen Bereich heraus geformt werden sollen, und nicht aus ihrem Gefühls- und Gedankenbereich, in dem nur allzu oft Verworrenheit herrscht; und daß gerade durch Gebete und Meditationen unser Leben mit mehr Echtheit und Aufrichtigkeit erfüllt werden kann.

White Eagle sagt uns:

Solange ihr auf Erden weilt, werdet ihr den wahren Sinn der Liebe nur schwer begreifen können, obgleich von Liebe so viel bei euch gesprochen wird. – Was wir euch lehren möchten ist, nicht in Lärm und Unruhe der äußeren Welt die Liebe zu suchen, sondern in den eigenen Tiefen des innersten Seins.

Wenn ihr die Kraft, die in eurem eigenen Herzen ruht, entdeckt habt, wird diese Kraft in all euren Worten und Taten sowie eurer ganzen Art zu leben ihren Ausdruck finden. Es wird nicht so sein, daß ihr viel darüber nachzudenken braucht; es wird einfach Liebe, Freundlichkeit und Sanftheit von euch ausstrahlen, Hilfsbereitschaft und Mitgefühl. Ihr werdet auch nicht etwa anfangen zu predigen; ihr werdet einfach wirklich etwas ‹tun›.

Und indem ihr so den Willen eures All-Vater-Mutter-Gottes erfüllt, wird euch die Kraft verliehen, ein strahlendes Licht zu werden, welches das Leben anderer Menschen berührt. Licht wird von euch ausgehen: nicht nur von euren Gedanken und Worten, sondern vor allem von der Schönheit des göttlichen Geistes, den ihr in euch selbst zur Entfaltung gebracht habt.

Der Ursprung dieser Gebete und ihre Anwendung

Die meisten der hier aufgezeichneten Gebete waren ursprünglich für Zusammenkünfte von Gruppen oder für gemeinsame Gottesdienste bestimmt. Sie sind deshalb in der Pluralform «wir» gehalten. In dieser Form sind sie unverändert belassen worden, was nicht bedeutet, daß sie nicht ebenso auch als Gebete und Meditationstexte für einzelne Personen dienen können. So mag manch' einer von uns vielleicht lieber die Form «ich» statt «wir» wählen, was jedem unbenommen bleibt.

Besonders die Gebete des ersten Kapitels – die ursprünglich als Eröffnungs- oder Schlußtexte für eine Gruppe vorgesehen waren – sind wunderbar zur Einstimmung oder zum Ausklang rein persönlicher Meditationen geeignet.

Wir haben es jedoch für richtig befunden, die Sprache, die White Eagle zu uns gesprochen und selbst für uns gewählt hat, in ihrer ursprünglichen Form zu belassen. Sie erscheint uns so ganz ein Teil seiner Art des Ausdrucks uns gegenüber zu sein, daß wir es vorgezogen haben, sie nicht in irgendeiner Weise zu ändern.

Das Wort «amen», das jedem Gebet folgen könnte, wurde nicht nach jedem einzelnen Gebetstext mitgedruckt. Wir meinen aber, daß dieses Wort als eine schöne Besiegelung der Kraft dienen kann, die in jedem Gebet enthalten ist und von jedem Gebet ausströmt.

Es bleibt noch zu bemerken, daß einige der in diesem Bändchen enthaltenen Gebete von Grace Cooke oder Ivan Cooke (den Begründern der White Eagle Loge) geschrieben oder gesprochen wurden. Da sie aber so ganz den Geist von White Eagle's Lehren wiedergeben und aus der innigen Zusammenarbeit mit ihm stammen, haben wir sie nicht von den uns direkt von White Eagle übermittelten Gebeten getrennt, mit denen sie eine harmonische und kraftvolle Einheit bilden.

ZUM BEGINN UND AUSKLANG
DER GRUPPENARBEIT

Dieses Kapitel enthält auf jeder Seite eine Invokation und eine Benediktion. White Eagle hat immer mit Gebeten dieser Art die Zusammenkunft von Gruppen eröffnet und auch beendet. Immer schien er in der Lage zu sein, etwas von seiner eigenen Ausstrahlung der Ruhe auf andere zu übertragen. So oft er aus tiefer Stille zu uns sprach, konnte er die Gedanken aller Anwesenden inständig zum Licht der Liebe hinführen, welches in unserem eigenen Herzen scheint. Stets bat er für uns um den Segen Gottes, des großen weißen Geistes. Behutsam hat er uns geholfen, unser Bewußtsein zu erheben und die Liebe des Himmels in unser Erdenleben zu bringen.

Die Segnungen und kurzen Dankgebete, die White Eagle uns gegeben hat, sind wie eine Besiegelung der Erleuchtung und Erfahrungen, die wir während unseres gemeinsamen Gebetes empfangen. Jedem von uns werden sie eine Hilfe sein, die Intuition, die uns im Gebet zuteil wird, nachhaltig fortwirken zu lassen, so daß wir mit einem glücklichen Gefühl die Pflichten und Verantwortungen unseres Lebens gestärkten Herzens wieder ausüben können.

Das Hineinschreiten in eine Kapelle oder eine Loge sollte für uns gleichzeitig auch ein Symbol für das Hineingehen in die innerste Kapelle des eigenen Herzens sein. White Eagle's Gebete, die uns gegeben wurden, können von jedem von uns in der eigenen Meditation angewandt werden, ebenso aber auch von Gruppen, die aufrichtig miteinander arbeiten und die gemeinsame Herzensschwingung in guter Absicht und im Geiste Gottes ausstrahlen wollen.

Lichtgebet

Wir verschließen uns vor der äußeren Welt und öffnen unsere Herzen der inneren Welt. In ihrem Frieden suchen wir in unserer Seele die Allgegenwart unseres Schöpfers, den Ursprung allen Lebens, die Vater-Mutter-Gottheit. Wir erschauen das strahlende Christus-Licht, das tief in unserem Innersten leuchtet, und fühlen uns bereit, dieses himmlische Licht in uns wirken zu lassen...

In der Stille des Gebetes erfährt unsere Seele die Wirklichkeit und den Glanz der geistigen Welt, die unser Leben durchdringt. Wir spüren die Gemeinschaft mit den geliebten Seelen, die dort weilen.

Während wir uns mit der geistigen Welt verbinden, wächst die Kraft des Christus-Lichtes in unseren Herzen und strahlt durch uns Gottes Segen aus in alle Welt.

*

Mögest Du uns segnen mit Deinem Frieden, Deiner Klarheit. Möge das Licht Deiner Güte, Deiner Gnade unserem Weg leuchten – von nun an und für all unsere Zeit.

Tief in der Stille spüren wir die heilige Gegenwart Gottes, unseres Schöpfers.

Wir öffnen Dir unser Herz, um Dein Licht zu empfangen. Wir spüren, daß Deine Macht und Liebe uns alle in einem Geist vereinigt, – auch mit den Wesenheiten jener für uns nicht sichtbaren Welt.

Laßt uns beten, daß wir diese geistige Eins-Werdung tief in uns spüren. Laßt uns bitten, daß Gottes Liebe und Licht unser Herz beseelt und von uns ausstrahlen kann zu allen Mitmenschen und Mit-Geschöpfen dieser Erde.

O unendlicher Geist, wir danken Dir in Demut für das Bewußt-Werden Deiner Güte und Liebe in unserem Herzen; und wir danken für die Gewißheit, wie sehr Deine Kraft, Deine Liebe uns trägt. – Du hebst uns empor in Deine Welt des Geistes, die Schönheit und Vollendung ist.

Schenke uns Ruhe, laß' uns still werden, damit wir diese äußere Welt verlassen, um in unserem Inneren das Heiligtum Deines Geistes zu finden. Hier warten wir, daß Dein Licht sich uns enthüllt.

Wir knien nieder vor dem Altar im Innersten unserer Seele. Wir werden uns des Lichtes bewußt, das auf diesem Altar für uns brennt, und das die geistige Quelle unseres wahren Lebens ist. Wir neigen uns vor Dir, vor dem Lichte Christi, vor dem kosmischen Christus...

Wir danken Dir, o großer weißer Geist, Vater und Mutter Gott, daß Du uns mit Deiner Liebe segnest, die sich nun in unseren Herzen entfaltet; wir danken Dir für Deine Kraft, die uns durchdringt, und für jede Möglichkeit, die uns dieses Erdenleben bietet, geistig zu wachsen und Deiner leuchtenden Gegenwart näher zu sein.

*

O Gott, der Du uns in Liebe behütest, – Dir möchte ich danken, Dir will ich singen, Dir meine Freude schenken. Ist doch meine Seele, mein innerstes Wesen ganz Dein Haus. Möge Deine Liebe in mir wohnen und wirken, – mein Leben lang.

Wir wollen lernen, Dir zu dienen,
All-Vater-Mutter-Gott

Im Innersten unserer Seele suchen wir das Lichtzentrum der Reinheit, Wahrheit und Liebe, – den Christus in uns. Durch dieses Christus-Licht in unserem Herzen lernen wir, unserem Schöpfer, Dir, All-Vater-Mutter-Gott, in Ehrfurcht zu dienen. O schenke uns die Gewißheit Deiner Nähe, damit wir die Wahrheit Deiner Liebe, Weisheit und Macht erfahren und verstehen lernen. Gib uns die Kraft zur inneren Entfaltung, auf daß uns die Wirklichkeit Deines Geistes enthüllt werde, – in Glorie, in strahlender Herrlichkeit, in göttlichem Glanz.

Vor Dir, All-Vater-Mutter-Gott, gedenken wir des Leidens und der Not der Menschheit und bitten Dich, daß durch unser gemeinsames Gebet ein helles, schönes Licht und die Kraft der Heilung ausgesendet werde. Mögen diese Strahlen den Herzen der Menschen Frieden bringen, und Heilung all jenen, die seelisch und körperlich leiden müssen. Wir danken Dir, All-Vater-Mutter-Gott, für Deinen Segen.

*

Wir knien nun vor dem Altar in Dankbarkeit für alle Freude, die wir empfangen dürfen. Freude, die unsere Herzen erfüllt und unser Leben schön, gut und vollkommen werden läßt.

Unendliche, alles durchdringende Liebe, die Du alle Schönheit, alles Licht und alle Weisheit des Lebens bist. Wir beten, daß Deine Kinder, die hier zusammengekommen sind, von den Strahlen der Liebe berührt werden, die ihre Herzen öffnen, wie eine Blume sich dem Licht der Sonne öffnet, und daß sie durch das Aufblühen der Liebe in ihren Herzen hinfinden zu den Gefilden göttlicher Macht und Wahrheit. Schenke unseren wartenden Seelen die Gabe, verstehen zu können.

Großer weißer Geist der weit geöffneten Weltenräume, der ragenden Berggipfel und der stillen, friedlichen Täler; – großer weißer Geist der Natur, und Herr über Himmel und Erde und über die Gewässer in den Tiefen. – Großer weißer Geist der Ewigkeiten und Unergründlichkeiten, – wir ruhen in Deiner unendlichen Liebe, – unser Herz geborgen an Deinem Herzen. Großer Gott, Vater und Mutter, wir verehren Dich, wir dienen Dir, wir lieben Dich. Wir geben unsere Seelen in andächtigem Vertrauen Deiner liebenden Obhut hin, daß Du uns in Deiner Liebe bewahren mögest; denn wir wissen, daß in Dir aller Liebe Ursprung ist, daß all unsere Wege münden werden in Deinem Licht.

Das Licht des Friedens

Wir werden still in Gedanken, in Leib und Geist. Und in der tiefen Ruhe unserer Seele begegnen wir dem großen strahlenden Licht, dem Ursprung allen Lebens, der Vater-Mutter-Gottheit. Schweigend in unserem Herzen danken wir Dir, preisen wir Dich, sind bereit, Dir zu dienen. Wir überlassen uns Deinem Willen. In der heiligen Gegenwart Deines göttlichen Lichtes finden wir Frieden. Wir fühlen uns geborgen in Deiner Liebe, gestärkt in Deiner Kraft.

Für das Licht Deiner Liebe, das in unsere Herzen strahlt, danken wir Dir.

*

O unendlich gütiger Geist, wir begegnen Dir in Einfachheit und Liebe. Wir danken Dir für den göttlichen Segen, der in unsere Herzen strömt. Wir beten, daß wir nie vergessen mögen, mit welcher Liebe du uns führst, und welch' unendlichen Frieden Deine Wahrheit unserem menschlichen Herzen gibt.

Dein Frieden, Deine Wahrheit werden in unserem Herzen ruhen und für immer darin geborgen sein.

In Demut betreten wir das allerinnerste Heiligtum, um den Segen des Höchsten zu erbitten. Er ist Ursprung allen Lebens. Mögen wir gereinigt werden in Herz und Geist und einfach und bescheiden bleiben auf dem Weg, der uns zur Wahrheit führt.

Wir beten darum, die großen leuchtenden Wesen zu erschauen, die unsere stillen Begleiter aus den Sphären des Geistes sind. Unsere Fähigkeit, andere Menschen zu verstehen, wird sich in dem Maße erweitern, wie unsere Seelen lernen, sich im göttlichen Licht zu entfalten.

Der Segen Christi senke sich sanft hernieder in jedes für ihn offene Herz.

*

Wir wollen unser Herz emporheben zu dem großen ewigen Licht. Unser Vater Gott, wir danken Dir für die Freude, lernen zu können, erkennen zu dürfen. Wir danken für das Licht, das von Dir ausströmt. Wir beten, o Gott, daß wir mit schlichtem Herzen, einfach und bescheiden, unseren Weg zu Dir gehen. Wir wollen lernen, in den täglichen Erfahrungen des Lebens Deine Weisheit zu erkennen. Wir wollen mehr und mehr im Einklang leben mit Deinen göttlichen Gesetzen; und Deinen Frieden finden, den Frieden der Ewigkeit.

Allmächtiger himmlischer Vater, mit brüderlicher Liebe begegnen wir einander in der Allgegenwart Deines Geistes. Wir streben zu den geistigen Gestaden der Weisheit, die vollkommene Schönheit Deiner Wahrheit zu sehen. Könnten wir doch hier in unserer irdischen Welt den Willen und die Kraft haben, unseren Mitmenschen alles Glück und alle Schönheit zu schenken, die wir durch die Verbindung mit dem göttlichen Geist empfangen.

Laßt alle Sorgen des Alltags von euch gleiten, Freunde. Empfindet den Frieden und vereinigt euch in eurem Innersten mit dem, was das Allerhöchste ist.

*

O Gott, Vater alles Lebendigen, aller Kreatur, der Du das Licht der Weisheit bist und die Liebe in unserem Herzen; der Du das Leben erhältst in all seiner Vielfalt, der Du über die Elemente wachst, der Du die Vollkommenheit allen Lebens bist ... Wir beten, daß wir den Sinn unseres Daseins verstehen lernen. Wir rufen zu den Engeln des Friedens. Wir bitten sie, uns ihre himmlische Ruhe zu bringen und die stille Sanftheit, die nur ein liebendes Herz zu schenken vermag.

Die Schönheit unserer Welt

Wir erheben unsere Herzen zu dem allmächtigen Geist, zu aller Weisheit, Liebe und Kraft und danken, daß wir geschaffen wurden, – danken für all die Schönheiten des Lebens; – für die Gabe unserer Sinne und unseres Verstandes, für das Geschenk des Geistes. Wir beten, daß das Herz eines jeden von uns von Liebe und Sanftmut berührt werde, und daß die Engel der Christus-Sphäre unserer kleinen Gruppe nahe sein werden, um uns die Schönheit ihrer himmlischen Liebe zu schenken.

*

Unser Geist ist still geworden. Unsere Herzen öffnen sich der Ruhe der Nacht. Auf dem Gipfel eines Hügels erblicken wir über uns den sternefunkelnden Himmel. Wir lauschen der raunenden Stimme Gottes in dem sanften Rauschen der Bäume... Eine plötzliche Stille umfängt uns, und wir empfinden zutiefst, daß Gott uns gesegnet hat. Ihm sagen wir Dank für die Liebe, die all diese Schönheit unserem Herzen bringt. Wir sind bereit, Ihm mit Hingabe zu dienen. Wir preisen Ihn und Seine Gesetze des Lebens, die unendlich, die ewig sind.

Bruderschaft in Gott

Wir wollen einander in Liebe verbunden sein und erkennen, daß unser Nachbar – wie auch immer sein Weg zu Gott ihn führen mag – sich genauso wie wir danach sehnt, zu Gott zu finden und seinen Menschenbrüdern zu dienen.

Diese große Gemeinschaft von uns allen umschließt nicht nur die Menschheit, sondern auch all unsere Brüder aus dem Tier- und Pflanzenreich, alle mit uns lebenden Wesen.

Wir heben unsere Herzen empor zu der lichtvollen Gemeinschaft leuchtender Wesenheiten in der geistigen Welt. Wir erkennen, wie sehr sie der Menschheit mit ihrer Liebe dienen.

In der Stille des göttlichen Geistes in unserem Inneren, in Einklang und Frieden mit allem, was auf dieser Welt lebt, sind wir bereit, das geistige Licht aufzunehmen, welches ausströmt von den Zentren göttlicher Liebe, Weisheit und Kraft. Vertrauensvoll überlassen wir uns der Liebe und Macht des Christus. In der Stille, im Schweigen der Ewigkeit enthüllt sich uns die wahre Bedeutung der Liebe.

*

Möge der Heilige Geist unser Werk segnen und unseren Herzen Freude bringen. Möge göttlicher Friede aus den Regionen der großen, ewigen Stille in uns sein und unsere Welt und unser Leben erfüllen.

Wir verschließen die Tore unserer Sinne und suchen die geistige Stille.

Wir streben in Liebe und Wahrheit zu unserem Schöpfer, dem großen Architekten des Universums, dem ewigen Geist, – der Licht und Wahrheit für die Menschheit ist.

Wir überlassen unsere Persönlichkeit der sanften Schwingung, dem Licht und Segen des ewigen Geistes, der Schönheit der höheren Welten, der Liebe und Gerechtigkeit Gottes.

Wir bitten, daß unser Gebet uns emporträgt in das höhere Bewußtsein und wir des geistigen Lebens gewahr werden. Und von der schlichten, einfachen Liebe in unserem Herzen möge nun Licht und Heilkraft ausgehen und vielen Seelen Segen, Frieden und Erleuchtung bringen.

*

Der Frieden der Sphären des Lichtes sei in unserem Herzen. Der Segen des Christus-Geistes verkläre und verschöne unser Leben, jetzt und immerfort.

Gelassenheit

Alle Gedanken an die materielle Welt wollen wir beiseite tun und die Verbindung mit dem Ursprung des Lebens suchen. O gütiger Geist, Alles-Entfaltende-Liebe, Licht und Leben, wir kommen zu Dir, mit einfachem Herzen und mit gelassenem Geist. Nichts in unserem eigenen Herzen soll uns daran hindern, weiter fortzuwandern in das große Licht. Und wenn Sorgen und Leid uns begegnen, so wollen wir bereit sein, Deiner Liebe und Weisheit zu vertrauen, mit dem Wissen, daß Deine in Liebe geöffneten Arme uns geborgen halten, ewiglich. Denn Du bist Gnade, Gerechtigkeit und allumfangende Liebe. Wir warten geduldig, mit offenem Herzen und offenem Geist, die Schönheit Deines Lichtes zu empfangen.

*

O All-Vater-Mutter-Gott, wir danken Dir für Deine ewig währende Liebe. Mögen diese Deine Kinder ihren Weg in Frieden gehen, erfüllt von Deinem Heiligen Geist. Segne, o segne sie, Du Sohn Gottes.

Dem großen Architekten

Allerhöchster und vollkommener Geist, allmächtiger Architekt des Universums, wir kommen zu Dir und beten, daß Dein Wille allein uns auf unseren Wegen führen werde. Wir bitten, daß die Weisheit Deines Geistes unser Werk erfüllt. Die Schönheit all der Formen, die Du erschaffen hast, soll auch in unseren Taten zu finden sein. Unsere Werke und Gedanken für unsere Mitmenschen mögen erfüllt und durchdrungen sein von Deiner Liebe. Mit Mut, Standhaftigkeit und Demut wollen wir unseres Lebens Reise tun, wie auch unsere Gefährten, und am Ende zu Deiner glorreichen Gegenwart finden, zu Deinem göttlichen Sein und zu Deinem Sohn, dem kosmischen Christus.

*

Dem ewig seienden Gott laßt uns Dank bringen in der Stille unseres Herzens. Verherrlichen wollen wir Ihn, indem wir mit Freude leben, und uns mit Ruhe der Probleme der Mitmenschen annehmen, die uns begegnen, – nicht nur ihrer körperlichen Nöte, sondern vor allem auch der Bedürfnisse ihrer Seelen.

Überwindung des niederen Selbst

Großer Geist voller Macht, Weisheit und Liebe, großer elterlicher Geist, von dem wir Leben empfangen.
Wir beten, daß der göttliche Segen, den Du uns
schenkst, Widerhall in uns finden kann. Wir wollen
das niedere Selbst hinter uns lassen, damit wir das
Licht und die Wahrheit Deines Geistes in unserer
Brust erfahren können. Dann werden wir um Deine
große Liebe wissen, und unsere Augen werden die
Schönheit Deiner Schöpfung erkennen... Ja, selbst in
allem, was unerleuchtet und dunkel erscheint, werden
wir die Schönheit Deiner Werke erschauen lernen. Für
all diese Gaben Gottes, geliebter Vater, geliebte Mutter, danken wir Dir.

*

Dankbar preisen wir Dich, Vater-Mutter, Schöpfer
all der herrlichen, wunderbaren Geschenke des Lebens, die Du uns gibst. Wir atmen die kühle, sanfte
Luft ein und erhalten die Segnung der Stille... Wir atmen den Atem des Lebens ein, die Gnade und Vollkommenheit Gottes. Wir danken Dir. Alles ist gut,
was Du uns in Deiner Liebe gibst.

Wir finden uns zusammen in der lichtvollen Schwingung unseres Gebetes. Wir erwarten das Ausströmen der Kraft, der Liebe und Weisheit Gottes. Wir wollen den physischen Leib und die vielerlei Ansprüche des täglichen Lebens vergessen. Wir blicken auf zum Ursprung allen Lebens, zu unserem Schöpfer.

Wir rufen Dich an: Vater – göttlicher Wille; und Mutter – göttliche Weisheit; und Sohn – kosmischer Christus, Du höchstes Licht und Allgegenwart, Du physische Verwirklichung des Lichtes. Heilige und gesegnete Dreieinigkeit des Lebens, die Du uns Sterbliche umfängst; wir beten um größere Nähe zu Dir, wir beten um die wachsende Verwirklichung Deiner göttlichen Gegenwart. Wir beten, daß jeder Seele hier in diesem lichterfüllten Raum eine klarere, wahrere Sicht des Lebens geschenkt wird, eine An-Schauung, die jenseits der Begrenzungen der Körperlichkeit liegt. Wir bitten, o Herr, daß Du uns Erdenkindern gewährst, die vielen Wesenheiten zu erschauen, die auf den himmlischen Ebenen in Brüderlichkeit zusammenkommen, und die unsere wahren Gefährten im Geiste sind, – während wir unsere Reise tun durch die Dunkelheit der Materie.

*

Geliebter Vater, möge die Zartheit Deiner Liebe sich ausbreiten wie der Duft des Weihrauchs über diese Deine geliebten Kinder, damit sie Vereinigung suchen: Geist mit Geist, – und herausgehoben werden aus der Unruhe und Disharmonie des niederen Lebens. Möge die Gegenwart des kosmischen Christus diese kleine Gruppe und ihr Werk schützen und segnen.

White Eagle's Segnung

Gott segne euch, meine Freunde, Gott segne euch, jeden einzelnen von euch, auf eurer Suche nach Glück und Wahrheit und in eurem Bestreben, auf dieser Welt zu dienen und euren Brüdern auf Erden zu helfen, ein glücklicheres Leben zu führen.

Gute Nacht.

Laßt uns im Geist beten zu dem Ursprung unseres Lebens, unserem Schöpfer Vater-Mutter und Sohn, dem kosmischen Christus. Wir öffnen unser Herz, wir preisen Dich und danken Dir für Deine Schöpfung, für all die Segnungen des Lebens, – für die Erleuchtung und die Glückseligkeit, die wir empfangen dürfen.

Wir danken Dir, o Gott, für das Licht der Sonne, den sanften Regen, die Früchte und Blumen dieser Erde und das Brot des Lebens, das unseren Leib erhält und unserer Seele Stärkung bringt. Für all Deine Großmut und Deine Segnungen, o Herr, danken wir Dir. Wir beten, daß wir lernen mögen, mit Deinen Gaben weise und richtig umzugehen, so daß wir zuletzt, mit einer reichen Ernte begnadet, zu Dir kommen können, – einer Ernte an physischen Erfahrungen und geistigen Erkenntnissen.

O Gott, wir beten, daß Deine Dir dienenden Engel und die Scharen der himmlischen Wesenheiten uns ihr Lächeln, ihre Güte schenken. Wir bitten, daß wir den Segen des Höchsten empfinden und die Liebe und die Wahrheit geistiger Verbundenheit erfahren dürfen.

*

Wir schauen auf zu dem großen weißen Geist und empfangen in unserer Seele Seine Liebe, Seine Weisheit und Seine Kraft. Wir segnen Ihn, wir danken Ihm. Oh, daß es uns immer mehr geschenkt werde, in Seinem Lichte auf unserem Pfad zu wandern.

Zum Aller-Seelen-Fest und zum Gedächtnis-Gottesdienst

Geliebte Brüder, vergeßt die Ebene des physischen Lebens. Versucht, still und gelassen zu werden, so daß ihr in Einklang seid mit dem geistigen Leben. Um euch befinden sich viele Wesen der geistigen Sphären, – einige von ihnen sind eure eigenen Freunde und Gefährten aus früheren Erdenleben. Außer ihnen sind Engelwesen da und große Lehrer, die Heiligen, und die zur Vollkommenheit gelangten Seelen aller Zeiten, – all jene, die durch Prüfungen und Leid der Welt gegangen sind und nun zur Harmonie mit dem göttlichen Gesetz des Lebens gefunden haben.

Wollen wir nun, meine Freunde, mit Liebe in unserem Herzen zu unserem Schöpfer beten, zum Ursprung allen Lebens, daß der Schleier fortgenommen werde zwischen der Finsternis des Physischen und der Schönheit der höheren Lebenssphären, so daß wir in innige Verbindung kommen können mit den erleuchteten Wesen der himmlischen Welt. Wir geben Dir unseren Dank, o Gott, Vater-Mutter und glorreicher Sohn. Du Vollkommener, den wir unter vielen verschiedenen Namen kennen und verehren, der Du aber bist Christus, der kosmische Christus. Möge die Gnade Seiner Liebe bei jedem einzelnen von uns sein, in diesem Augenblick und für immer. So sei es.

*

Es sind Wesen hier, – unsichtbar für einige, sichtbar für wenige von uns, – strahlende Seelen, die durch große Leiden gegangen sind, in scheinenden, leuchtenden Gewändern, weißer als der Schnee. Sie bringen ihr eigenes Licht, ihre Liebe. Einst durchschritten sie denselben Pfad, den nunmehr wir zu gehen haben. Sie wissen um Kummer und Leid. Sie bringen das Licht, welches von jedem heiligen Zentrum des Geistes ausstrahlt. Sie umgeben uns mit dem Licht und den Lebensströmen kosmischer Energien, mit Heilkräften für Leib und Seele.

*

Der Frieden des Geistes, des ewigen Lebens, segne uns, schenke uns Kraft und führe uns weiter unserem Ziel entgegen. Möge die Harmonie des Himmels uns Heilung bringen. Friede sei mit euch, meine Freunde. Und die Liebe des ewigen, göttlichen Geistes scheine durch euch und erleuchte eure Seelen.

Weihnachtsgebet

Wir gedenken dieser heiligen Geburt, der Erdengeburt des großen Eingeweihten Jesus, durch den das Christus-Licht schien und immer auf diese Erde und durch die Herzen der Menschen scheinen wird. In der Stille des Geistes sehen wir in innerer Vision die Gemeinschaft der strahlenden, scheinenden Wesen und der Engel, die zusammengekommen sind, um das Wunder der Geburt Christi anzubeten, welche das Symbol ist für die Geburt des Christuskindes in jedes Menschen Herz.

Mögen unsere Ohren angerührt werden, daß wir den Gesang der Engel vernehmen können. Mögen wir gewahr werden, wie ihre Flügel sich entfalten und uns in Erinnerung bringen, wie oft ihr Frieden unser Leben sanft berührt hat. Vater-Mutter-Gott, möge der Schleier von unseren Augen fallen in dieser Stunde der Vereinigung, der Andacht, des gemeinsamen Gebetes mit aller Schöpfung; möge sich der Himmel öffnen und uns Liebe erschauen lassen, in Deinem Kind, Deinem Sohn. Im Frieden der Ewigkeit laß uns den tiefen Sinn der Liebe erfahren.

O großer Geist, unser geliebter Herr, wir danken Dir für diese heilige Weih-Nacht.

Oster-Segnung

Wir versenken uns in das Bild des Meisters Jesu, der von göttlichem Licht umstrahlt wird. Ihn umhüllt das Licht des Friedens, das Licht der Liebe, das allen Heilung bringt, die in seine Aura kommen. Laßt uns seine heilige Inspiration empfangen und danach trachten, im Lichte der Wahrheit zu leben, einander zu dienen und das Samenkorn Gottes, das in uns ruht, wachsen zu lassen. Wir beten, daß wir wahr und getreu das Licht Christi durch uns scheinen lassen und vor Augen haben, wie er seinen Weg des Dienens gegangen ist. O Gott, möge Licht und Heilung von uns ausgehen, um alle Menschen, die leiden und traurig sind, zu trösten, und Mut zu bringen all denen, die den Kampf des Guten zu kämpfen bereit sind. Wir, die wir Dir jetzt unser Gebet darbringen, wollen – mit Verantwortung und mit Hingabe an Dein Werk – hier auf Erden unsere Arbeit für Dich fortführen. Laß Dein Licht auf Erden scheinen, so wie Du es in himmlischen Sphären erstrahlen läßt.

O gütiger, großer Geist, wir danken Dir für die Freude und den Segen, den uns die Schönheit dieser Erde bringt. Wir danken Dir für Leben und Liebe und für alles Glück, das uns das Leben schenkt.

In dieser Stunde des Gebetes legen wir alle irdischen Gedanken und Wünsche von uns und beten, daß wir empfänglich werden für das Ausströmen des Lichtsegens von der Welt des Geistes, der himmlischen Welt, dem himmlischen Garten. In diesem Augenblick der Stille sind wir frei von allen Verwicklungen in irdische Sorgen und Forderungen. Wir beten, o gütiger Geist, daß wir hineingetragen werden in Dein weißes, heiliges Feuer. Wir sehen die zahllosen scheinenden Wesen, wir spüren ihre Liebe. Wir sind vereint mit allen Erscheinungsformen des Lebens. Wir sind umschlossen von Dir, unserem Schöpfer. Wir ruhen in Dir und Du bist in uns.

Wir beten, die himmlische Musik wahrnehmen zu dürfen, die Harmonie Deines Geistes. Sie gibt unseren Seelen den Frieden der All-Einheit. Wir fühlen das im All Vereint-Sein von uns allen; auch mit jenen, die in den geistigen Welten leben, mit aller Schöpfung, – All-Eins-Sein in Dir, Du große Wesenheit – weißer Geist.

*

In der Süße, in der Sanftheit des Herrn empfinden wir nun diese zarte, milde Gegenwart in unserer Mitte. So rein und so voller Liebe bist Du, unser Vater-Mutter. Du bist der Anfang und das Ende, Du bist der ewige Kreis. Und wir atmen inmitten dieses Kreises. Für Deine alles umschließende Gegenwart, o Herr, danken wir Dir mit all unserer Liebe. Wir sind umgeben von einer großen Gemeinschaft von Brüdern, von strahlenden Seelen. Wir hören die Klänge ihrer Musik und ihr Gebet:

Gottes Frieden sei mit uns allen. Friede sei mit dir, lieber Bruder, liebe Schwester, – der Friede unsterblichen Lebens.

Frühlingsgebet

Großer weißer Geist, der Du Vater, Mutter und Christus der Sohn bist, das Licht in unserem Herzen und unserem Leben, das Licht, das wir sehen in der Verwirklichung göttlicher Herrlichkeit hier auf Erden, in dem lieblichen Geschenk des Sonnenscheins, in der Schönheit des erwachenden Lebens in der Natur; Du, der Du unser Leben allezeit schützend umgibst und uns alles gewährst, was wir brauchen, – wir danken Dir für Deine Liebe. Wir danken Dir, daß Du uns erschaffen hast, wir danken Dir, daß wir die geistigen Welten mehr und mehr erschauen dürfen, wir danken Dir, daß Du uns um das ewige Leben wissen läßt.

Weit öffnen wir unsere Herzen dem Licht, dem Sonnenlicht Gottes.

*

So laßt uns unsere Augen erheben zu der großen Sonne Gottes und Gott für Seine Liebe danken. Wir danken Christus, daß er uns das ewige Leben geschenkt hat. Wir wollen offen sein und lernen, uns hinzuentwickeln zu einem feinstofflicheren, höheren Leben.

Wirken in der White-Eagle-Loge

Ein Gebet für unseren geistigen Lehrer

Großer Meister und Herr, wir wollen vor Dir gedenken unseres sanften und gütigen geistigen Bruders, von dem wir niemals Härte oder Kritik noch Verurteilung erfahren, sondern nur wahres Verständnis für unser oft widerspenstiges, eigensinniges Verhalten, – wahre Liebe trotz all unserer Fehler. Wir wollen für diesen sanftmütigen Bruder beten, der in hingebender Opferbereitschaft dient; und durch Liebe, durch nimmermüde, nie versiegende Liebe uns die Verwirklichung liebevoller Herzensgüte zeigen will.

So vielen hat unser Bruder seinen Beistand geschenkt, so viele hat er gesegnet. Wir beten... Gott möge sein Werk krönen, seine immer währenden Bemühungen segnen und seine Ernte gedeihen lassen... Und mögen alle, die mit ihm dienen und arbeiten wollen, ihm ihre Hilfe schenken, durch Einfachheit, Demut und Liebe. Wir segnen dich, danken dir, sanftmütiger Bruder, im Namen Gottes. Amen.

Ein Gebet für die Loge

(oder auch für eine Kirche oder Gruppe)

Göttliche Liebe, die Du in unseren Herzen wohnst, hilf uns allen, die wir für die Loge arbeiten und dort Gott dienen, daß wir nicht die äußere Anerkennung oder eine wachsende Mitgliederzahl verwechseln mit dem wahren, inneren Fortschreiten auf der geistigen Ebene.

Mögen wir nie nach äußeren Erfolgen streben, da doch jedes aufrichtige Dienen den gleichen Wert besitzt und gleichermaßen geschätzt und gewürdigt wird.

Möge keiner von uns einen eigenen Vorteil anstreben; und mögen wir alle stets einen guten Humor bewahren und unsere Zufriedenheit und Erfüllung im Dienen finden.

Ein solcher Geist von Gemeinschaft wird alle laue Geschwätzigkeit und zerstörende Kritik zum Verstummen bringen – und wird allen Menschen, die zu uns kommen, bleibenden Frieden schenken, aufrichtige Freundlichkeit und wirkliches, liebendes Verständnis.

DER STRAHLENDE STERN:
ZUSAMMENARBEIT IM GEBET

Ihr fragt uns: White Eagle, was können wir tun, um der Menschheit zu helfen?

Und wir antworten:

Dafür stehen euch viele Wege offen. Doch gibt es einen unfehlbaren, sicheren, wahren Weg für den Menschen, das Königreich Gottes auf Erden zu verwirklichen: durch das Licht in ihm selbst; durch tägliche Bemühung, euer wahres Selbst zu erkennen, das tief in eurem Innersten verborgen liegt.

Gedenket immer wieder des stillen, reinen, geistigen Kontaktes, den ihr im Heiligtum eures eigenen Herzens finden könnt. Seid treu euch selbst, eurem eigenen Geist. Und indem ihr euch selbst treu seid, werdet ihr es auch Gott und der universalen Bruderschaft gegenüber sein.

Werdet euch täglich des großen weißen Lichtes in eurem innersten Wesen bewußt und strahlt es aus in die Welt der Menschen.

Dann, meine Freunde, wird der Nebel, der sich um die Welt gelegt hat, zu schwinden beginnen. Erwartet nicht, daß andere dieses Werk für euch tun, denn jeder Mensch ist der Erlöser der ganzen Menschheit.

Wenn ihr euch in der Gegenwart eures Schöpfers fühlt, dann begegnet Ihm mit Gedanken der Liebe für all eure Brüder, für alles Leben. Ein Gebet soll ja nicht nur von euren Wünschen für euch selbst erfüllt sein, – dann wäre es nur unvollkommen. Wahrhaftig wird es erst, wenn ihr aus dem Wunsch heraus betet, mit Gott zu wirken, Harmonie zu erschaffen, Schön-

heit und Gesundheit, Heil und Glück, – nicht nur für
euch allein, nein, für die ganze Menschheit. Denn nur
durch das Prinzip schöpferischer Liebe kann euren
Gedanken und Gebeten Kraft und Leben verliehen
werden.

Wie auch immer die rein äußerliche Erscheinung eines Menschen sein mag, wie unerleuchtet oder proble-
matisch er auch zu wirken scheint, – vergeßt niemals
den Funken der Schönheit, das Samenkorn Gottes,
das in ihm wachsen und gedeihen kann. Durch reine,
aufrichtige und verantwortungsvolle Gedanken werdet ihr fähig sein, das Licht Gottes in die Seelen der
Menschen hineinzustrahlen; und sie werden – wenn
auch vielleicht unbewußt – dieses Licht in sich aufneh-
men und bewahren.

Wir, in den geistigen Welten, blicken direkt hinein
in euer Herz, und wir wissen, daß im Herzen jedes
Mannes und jeder Frau die Liebe Gottes zu finden ist.
Wir raten euch allen, dieses Gute in euren Mitmenschen zu suchen und danach Ausschau zu halten.

Ein Meister hat die Kraft, diese Güte und Liebe in
seinen jüngeren Brüdern zu sehen. Er besitzt die
Macht, diese Liebe anzurühren und zur Entfaltung zu
bringen. Das sollte auch eure Aufgabe sein, sowohl in
der äußeren Welt als auch auf der Ebene des Geistigen: niemanden zu verdammen oder bloßzustellen,
noch von der oberflächlichen Erscheinung her zu ver-
urteilen, wie es in der äußeren Welt leider so oft getan
wird.

Seid bestrebt, in der Stille eurer eigenen Herzenska-
pelle mit dem Christus-Geist im Einklang zu sein.
Dann werdet ihr eine Kraft erkennen, die schöpferisch

in unserem Leben waltet. Und im Zwiegespräch mit Gott wird diese Kraft, die euer höheres Bewußtsein ist, frei werden, um Gottes Absicht in der Welt der Erscheinung zu verwirklichen.

Erschaut mit eurem inneren Auge den leuchtenden, sechsstrahligen Stern, aus dem Licht und Leben flutet. Fühlt euch eins mit diesem Stern, schreitet hinein in die Mitte dieses Sterns: verweilt in seinem Licht.

Es ist ein Stern der Christus-Liebe... so sanft, und doch so kraftvoll, so allmächtig im Sinne des Guten. O spüret, wie sein Licht ausstrahlt, um Segen, Tröstung und Heilung zu bringen... Haltet die Seelen aller Menschen oder auch einzelner Brüder, denen ihr helfen wollt, hinein in das Herz dieses Sternes und sehet sie alle: vollkommen im Licht, vollkommen im Sonnenlichte Gottes...

Wenn ihr euch mit Liebe und einfachen Herzens dem Christus-Geist öffnet und hingebt, so wird – durch die Macht Gottes – der gedanklichen «Form», die von euch erschaffen wurde, göttliches Leben verliehen werden. Eure Gedanken sind es, welche die Form erschaffen, aber nur die Liebe in euren Herzen erfüllt diese Form mit Leben und sendet ihre Kraft aus: um Kranke zu heilen, um Frieden und Bruderschaft zu erwecken in der Welt der Menschheit. Brüder, laßt uns das Licht des Sterns aussenden...

Der Stern mit den sechs Strahlen gilt als ein Symbol des Geistes des kosmischen Christus sowie des Menschen, der in Vollkommenheit erschaffen wurde. Er ist zugleich ein Symbol des Neuen Zeitalters.

Geistig gesehen, befinden wir uns nun an der Schwelle dieses neuen Zeitalters der menschlichen Bewußt-Werdung. Ein neu erstarktes Bewußtsein der Zuversicht dämmert langsam auf, mit der Erkenntnis, daß der Mensch zusammenwirken sollte mit Gott, – daß er seine ur-eigene geistige Verantwortung nicht einfach und ohne weiteres Gott überantworten kann.

Im neuen Zeitalter werden alle Aktivitäten zum Wohl der Menschen von besonderer Wichtigkeit sein. Und vielleicht wird es als das Wesentlichste erachtet werden, die menschlichen Kräfte der Seele und des Geistes in Form von Gebeten auszustrahlen und wirksam werden zu lassen.

Die Menschheit wird sich diesem hohen Ziel immer mehr zuwenden und all ihre Kräfte für die Macht des Guten einsetzen. Das wird die Form des neuen Lebens werden: die neue Menschheits-Form des einander Dienens und des Zusammenwirkens mit den höheren Mächten.

Das Gebet der White-Eagle-Loge
für die Menschheit

Der Wortlaut des folgenden Gebetes wurde uns von White Eagle zum Gebrauch in der White-Eagle-Loge gegeben. Dieses Gebet kann von allen Gruppen und ebenso von einzelnen Menschen angewandt werden, die in aller Einfachheit arbeiten und ihre Aufgabe darin sehen, das Licht des Christusgeistes auszustrahlen. Dadurch, daß diese Sätze über lange Jahre hinweg gesprochen wurden, haben sie eine besondere Kraft erhalten, und deshalb sollte der Wortlaut dieses Gebetes nicht verändert werden.

Gebet

Wir gedenken vor Gott der Not der Menschheit. Und damit wir zu Gott beten können, lösen wir uns von den Sorgen des Alltags. Wir öffnen unser Herz der Vater-Mutter-Gottheit und Christus, dem Sohn Gottes: der heiligen Dreiheit von Weisheit, Macht und Liebe.

Im heiligen Namen des Christus, mit dem Christus-Licht in unseren Herzen, rufen wir euch – ihr großen Engel Christi. Wir spüren eure Gegenwart und eure Macht... Wir vereinigen uns mit den Gebeten aller Menschen, die guten Willens sind...

So vorbereitet und bereit vor Gott... mit allem Willen unseres Geistes, – mit aller Liebe unseres innersten Herzens, senden wir das göttliche Licht aus.

Wir senden es aus als einen großen Stern des Lichtes... einen Lichtstern... einen strahlenden Stern... widerstehend, überwindend alles Übel, triumphierend über den Tod... einen Stern des Christus-Lichtes.

Mit aller Kraft des Christus in uns, senden wir Gottes Licht aus... Und nun halten wir in das Licht dieses großen Heilungssterns jene Menschen, die wir persönlich kennen, und die der Hilfe bedürfen. –

Wir nennen still für uns ihre Namen.

Wir sehen sie in ihrer Vollkommenheit im Herzen des Sterns.

*

Wenn wir für uns allein sind und nicht in einer Gruppe arbeiten, und wir außerdem ein sehr aktives, pflichtenreiches Leben führen müssen, so könnte vielleicht die folgende gekürzte Fassung des Gebetes für die Menschheit von uns bevorzugt werden.

Eines der beiden Gebete sprechen viele Menschen in verschiedenen Ländern jeden Tag, vor allem um zwölf Uhr mittags, – und wenn sie es zu dieser Stunde nicht tun können, so beten sie zu einer der folgenden Zeiten: drei, sechs und neun Uhr. Diese Stunden besitzen ihre eigene, besonders hilfreiche Schwingung.

Die Länge der Zeit, die wir für unser Gebet aufwenden, ist nicht das Entscheidende. Doch, wenn wir täglich auch nur eine kurze Zeit alle Tätigkeiten, die uns gerade beanspruchen, zur Seite legen und uns auch nur für wenige Augenblicke auf den leuchtenden Stern konzentrieren, dann haben wir bereits von uns aus einen Beitrag geleistet. Die Wirkungskraft unserer

Arbeit wird sich mehr und mehr einstellen, wenn wir uns täglich und regelmäßig bemühen. Dann wird uns deutlich werden, daß wir nicht allein arbeiten, sondern innerhalb einer Bruderschaft, in der jeder durch sein Wirken dazu beiträgt, nicht nur einzelnen Individuen Heilung zu bringen, sondern darüber hinaus auch den Völkern und Nationen dieser Welt.

Gebet

Sage in deinem Herzen:

Wir halten alle Menschheit in das goldene Licht des Christus-Sterns und sehen, wie die Macht des Sohnes Gottes in den Herzen der Menschen wirkt.

Wir erschauen den leuchtenden Stern, mit der Gestalt des kosmischen Christus in seiner Mitte. Er strahlt Gottes Heilkraft und Geist der Liebe aus für alle Menschheit.

Wir halten alle Menschen, die um Hilfe und um Heilung bitten, in dieses goldene Heilungs-Licht.

Möge Gott unser Werk segnen.

Ein Heilungsgebet

Hier folgt ein weiteres Heilungsgebet, ein Gebet, das für die gemeinsame Arbeit gedacht ist.

Es enthält drei Teile: zunächst die Einstimmung auf Gott und Gottes Engel; dann die Einstellung auf den Patienten; und schließlich die Aussendung der Kraft durch eine Gruppe (oder Einzelperson, mit der Austauschmöglichkeit von «wir» und «unsere» in «ich» und «meine»). Die Ausstrahlung einer in Harmonie vereinten Gruppe wird aber wohl immer kraftvoller sein als die Ausstrahlung, die von einer Einzelperson ausgeht. Wir sollten das nicht außer acht lassen.

Wir beugen Geist und Herz im Gebet vor Gott... Wir lassen unser äußeres Selbst zur Ruhe kommen und verbannen alle weltlichen Sorgen und Gedanken. Mit tiefer und mitfühlender Liebe für alle Menschheit erwarten wir das Einströmen des Geistes in unsere Herzen... geistige Kräfte durchfluten uns nun. Gleichmäßig, ruhig und tief atmen wir den Geist Gottes ein... Wir beten: Erfülle uns, o Geist - durchströme uns - erfülle uns - und segne unsere Bestrebung zu heilen.

Wir haben uns nun in Einklang gebracht und stehen fest im Lichte Gottes und in der Macht seiner Engel. Wir denken an alle Menschen, die krank und leidend sind... und mit besonderer Kraft an - - - (hier sprechen wir dreimal den vollen Namen jedes Patienten).

Wir halten ihn (oder sie) in einen Strahl geistigen Lichtes. Wir konzentrieren Heilkraft auf - - - (hier werden wieder die vollen Namen der Leidenden genannt).

Wir erblicken sie (ihn) geheilt, – befreit, – im Zustand der Vollkommenheit in Gott ... (Wir halten diese Vision fest: geheilt, – befreit – und vollkommen; – vollkommen im göttlichen Licht.)

Wir danken Dir, Gott, für Deine Gegenwart und den Segen, den die Gnade Deines Heilens diesen Deinen Kindern gebracht hat.

Es ist wichtig, daß jedes Wort mit vollem Nachdruck, seiner Bedeutung entsprechend, ausgesprochen wird, und daß nach jedem Satz eine Pause erfolgt. Denn während jeder Pause und Stille sammeln sich neue Kräfte. Durch hastiges und gedankenloses Sprechen können geistige Kräfte zerstört werden.

Die drei Teile des Heilungsgebetes sollten sorgfältig studiert werden: erstens die Hingabe an Gott; zweitens die geistige Verbindung mit den Patienten; drittens das Aussenden der Heilkräfte zu den Patienten. Jeder Teil des Heilungsgebetes hat seinen eigenen tiefen Sinn und ermöglicht uns – in Verbindung mit den beiden anderen Teilen – einen kurzen, aber vollkommenen geistigen Heilungsdienst.

Jedem Mann und jeder Frau, oder auch jeder Gruppe, die mit einem selbstlosen Ziel im sozialen oder öffentlichen Leben arbeiten, können Kraft, Ermutigung und geistige Stärkung gesendet werden. Der Wortlaut oder die Form des Gebetes dürfen in diesem Fall leicht abgeändert bzw. ergänzt werden; wesentlich jedoch ist, daß der aktive Charakter des Gebetes erhalten bleibt. Denn gerade diesen wichtigen Punkt lassen viele andere Gebete sehr oft vermissen.

White Eagle sagt: Die frühe christliche Bruderschaft lehrte, wie wir eine wunderbare Kraft in uns erschaffen können, um allen, die leiden müssen, liebevolle Tröstung und Heilung zu schenken; – nämlich: durch die Entfaltung des inneren Lichtes in uns selbst, durch eine positive Art zu leben und zu denken, durch tätigen Dienst und ein behutsames Verhalten unseren Mit-Wesen gegenüber, – durch herzliche Liebe, durch Mitgefühl sowie das Empfindenkönnen von Freude und Glück, das aus uns selbst zu anderen Seelen hinüberstrahlt. Die göttliche Gnade dieser Kraft ist es, mit deren Hilfe wir die Sterbenden trösten und den Trauernden Trost spenden können.

Wenn ihr im Lichte des Sternes innerlich stärker geworden seid, werdet ihr auch erfahren, wie schwache Gesundheit, Schmerzen, Kummer und Sorgen sich nach und nach verlieren werden. Dies gilt kaum für Menschen, die ganz in materiellen Gedanken befangen sind, aber für all jene, die schlicht, sanft und einfach leben und in ihren Seelen Brüder des inneren Lichtes sind.

Jede Seele kann danach streben zu verstehen, was mit diesem inneren Licht im Herzen der Menschen gemeint ist. Jeder kann sich in den Dienst der Menschheit stellen. Doch sollten wir nicht vergessen, daß unser Dienst auf der äußeren Ebene des Lebens zwar wichtig ist, aber ein Dienen auf der inneren Ebene, ganz in der Stille, noch größeren Wert besitzt. Ja, sogar wenn wir uns einsam fühlen, können wir noch dieses schöne, wahre Licht aussenden: das Christus-

Licht, welches die Liebe ist. Doch wollen wir dieses Licht verantwortungsbewußt ausstrahlen, mit wahrem Wissen und in tiefer Erkenntnis.

Das, was die meisten Menschen unter einem Gebet verstehen, ist oft nichts anderes als nur ein Bitten für das eigene Selbst oder für Menschen in der nächsten Umgebung. Die Bruderschaft aber möchte die Menschheit positive, konstruktive, unerschütterliche Gedanken lehren, die zu Gott führen... Sie will uns lehren, Gott in allem zu sehen, was Leben und Sein hat. Sie sieht Gott in der Unendlichkeit, – in Seiner Macht, zu erneuern, zu heilen und den Menschen Seine Kraft und Liebe zu schenken.

DIE KRAFT DER ANRUFUNG

Viele Menschen haben in ihrem Leben irgendwann einmal die Erfahrung machen dürfen, Teil eines unendlichen Geistes zu sein, – wenn auch nur für einen Bruchteil eines flüchtigen Augenblicks. Sie fühlten sich eins mit etwas, das unendlich viel größer war, – etwas All-Umfassenden, das weit über ihre menschliche Persönlichkeit hinauswies.

Ein solches elementares Ereignis kann nur in demütiger Geisteshaltung erfahren werden, und es wird für immer die Gewißheit zurückbleiben, daß im eigenen Herzen etwas lebendig ist, das im Einklang schwingt mit einem unendlichen Geist der Liebe.

Die aufrichtigen Bemühungen eines Menschen, die ihn begrenzenden materiellen Gedanken fortzuweisen und tief aus seinem Geist heraus nach Gott zu streben, gehen oft aus der Sehnsucht hervor, mit Hilfe göttlicher Kraft und Liebe die eigenen Aufgaben besser meistern zu können.

Wir werden durch ein solches Bemühen aber nicht nur vor vielen Problemen bewahrt bleiben, sondern werden gleichzeitig auch die Fähigkeit erlangen, seelisch zu wachsen und ein wenig weiterzukommen auf unserem Weg zu All-Vater-Mutter-Gott, unserer «elterlichen» Gottheit.

Wenn unsere Kräfte nach und nach erstarken, werden wir erkennen, daß wir durch die Macht Gottes unser tägliches Leben viel besser unter Kontrolle halten können, und daß uns gleichzeitig eine tiefe Lebensharmonie geschenkt wird. Wir erfahren damit die Bestätigung, daß Gottes Gegenwart in uns ist; wir spüren den göttlichen Funken, der in unser Herz hineingesenkt wurde. Es ist der Christus-Geist in uns, der uns wissen läßt, daß wir eins sind mit Gott. Und es ist auch dieser Christus-Geist, der uns gesunden läßt in unserem eigenen «Königreich» von Leib, Seele und Geist.

Dieses Kapitel beruht auf White Eagle's Lehre von der Kraft der Bejahung, der Gewißheit, der Festigung der Christus-haften Tugenden unserer Seele. Das Hauptthema des Kapitels will uns erläutern, wie die Aufforderung «heile dich selbst» praktisch für uns wirksam werden kann.

Wir haben uns gedacht, daß es besonders bildhaft sein könnte, dieses Kapitel mit einer Schilderung zu eröffnen, die White Eagle uns einst von dem Leben der rothäutigen Indianer gegeben hat. Es ist eine wunderschöne Evokation eines Volkes, das die Macht Gottes fest in ihr menschliches Leben mit einbezog, ein Volk, das ebenfalls darum wußte, wie es in vollkommener Harmonie mit den Kräften der Natur leben konnte.

Die folgenden Sätze sind dem Buch «The Illumined Ones», von Grace Cooke, entnommen:

Wir kommen zurück zu euch, von den Gefilden des Geistigen. Wir möchten euch etwas von unserer Erkenntnis vermitteln und euch auffordern, uns aufmerksam zuzuhören. Vielleicht werdet ihr dann versuchen, unsere Vorschläge für ein rechtes Denken auch in eurem eigenen Leben zu verwirklichen.

Rechte Gedanken, richtige Gedanken, sind Gottes-Gedanken, sind gute Gedanken. Ein guter Wille bringt auch richtige Handlungen hervor. Er leitet und überwacht die Kontrolle des Nervensystems. Er beschert ruhigen, tiefen, gesunden Atem, ein stetiges Leben. - Könnt ihr euch einen alten Indianerhäuptling vorstellen, der in Panik gerät und von Stress geplagt, unruhig und gehetzt umherjagt? - Versucht, ihn in eurer Vorstellung zu erschauen: Im prachtvollen Schmuck seiner Häuptlingswürde begibt er sich langsam in den großen Kreis, den sein Volk für ihn geöffnet hat; schweigend, ruhig, gemessenen Schrittes. Der Duft edler, würziger Kräuter entströmt einem kostbaren Goldgefäß, während er seinem Volke den Segen erteilt. O seht ihn vor euch: mit weit emporgehobenen Armen, wie er seinen Schöpfer um Seine Liebe und Seinen Segen bittet.

Hört ihr ihn? - den klopfenden, klangvollen Rhythmus zahlloser Indianer, die ihm - auf ein Zeichen, das er ihnen geben wird, in feierlicher Prozession folgen werden? Hört doch, die wunderbaren Gesänge! Ob ihr die Worte wahrnehmt, sie verstehen werdet? Vielleicht seid ihr in der Lage zu erraten, was die Indianer singen. Ihr Gesang ist erfüllt von einer gewaltigen Harmonie und dem uralten Rhythmus des Lebens. Sie singen das OM, das ewige OM, das unendliche OM. Mit ihm rufen sie die Macht des großen Geistes an, - kraftvoll und beschwörend... Dankbar empfangen sie das kostbare Geschenk des Heilig-Guten, - einen physischen und geistigen Segen für das Wohl ihrer Gemeinschaft, ihres Stammes.

Wenn wir nach geistiger Wahrheit, nach geistigem Verständnis streben wollen, müssen wir aufwärts schauen, unseren Geist erheben und bewußt die Erde mit ihren täglichen Belangen hinter uns zurücklassen.

Das leuchtende göttliche Licht in unserem Herzen, das dort zumeist fest gefangen gehalten wird, muß befreit werden, damit es erlöst und emporgetragen werden kann.

Als Jesus sprach: «ICH BIN die Auferstehung und das Leben», wollte er uns damit sagen, daß das ICH BIN oder der Christus-Geist in jedem Menschen die Wiederauferstehung und das Leben sind.

«ICH BIN der Weg, die Wahrheit und das Leben.» Das ICH BIN ist nicht unser kleines irdisches Selbst, sondern jener Teil Gottes, welcher in jedes Menschen Herz gelegt ist. Das ICH BIN ist Christus, ist die Sonne, ist das Licht, das in unserem Herzen scheint.

Die Gebete, die nun folgen werden, sind Aufforderungen an das eigene Selbst: das Christus-Selbst in uns erstehen zu lassen, damit es unser Leben führen und leiten kann.

Bevor wir die folgenden ICH BIN-Gebete anwenden, wollen wir zunächst versuchen, die Gestalt und sanfte Gegenwart des kosmischen Christus in unserer inneren Vision zu erschauen. Wir erblicken ihn, nah an unserer Seite, und wissen: sein Geist erstrahlt auch in unserem Inneren. Wir versuchen, uns vorzustellen, was der Meister zu uns sagen würde, in den Lebensumständen, in denen wir uns gerade befinden.

Suchet nun, mit dem Meister eins zu werden: zu fühlen, wie er fühlen würde, zu lieben, wie er lieben würde. Spüret, wie seine göttliche Liebe euch umhüllt, wie sie euer Herz durchdringt und das Gefühl der göttlichen Liebe in euch selbst lebendig werden läßt. Und dann bekennt:

Ich bin die göttliche Liebe

Sagt diese Worte von dem göttlichen Zentrum in eurem Herzen: das ICH BIN, in dem alle Liebe umschlossen ist... Sagt diese Worte mehrere Male, immer wieder. Verweilt bei dem Gedanken der Liebe Gottes in euch, welche weit hinaus geht über alle menschliche Unvollkommenheit, und die der gütige, sanfte Meister eures Lebens ist.

*

Werdet still und schaut in den strahlenden Christus-Stern.

Von der Mitte dieses Sterns fließt das Licht und die Kraft und die Weisheit Gottes, eures himmlischen Vaters, hinein in euer Herz. Euer ganzes Sein wird erfüllt mit Licht. Sprecht:

Ich bin im Licht... Ich gebe Licht... und ich segne alle Menschen und hebe sie empor in das Licht...

*

Fühlt ihr euch verwirrt, seid ihr bestürzt, ärgerlich, enttäuscht, beunruhigt? – Denkt an den Meister. Spürt seine sanfte Gegenwart und sagt, tief in euch selbst: Friede... Friede... Friede auf die Wellen der

Gefühle, die Wellen der Furcht, die Wellen des Zweifels. Friede... Sprecht:

Ich bin der göttliche Friede

Sagt diese Worte viele Male. Denkt dabei an einen stillen, schimmernden See. Seht, wie der Meister Wind und Sturm beruhigt. Oder meditiert über das wunderschöne Wort «Ruhe» – das ruhige Gemüt, das ruhige Herz, das ruhige, beruhigte Leben. Hier in diesem Wort liegt das, was ihr euch ersehnt – ruhet darin.

*

Seid ihr verstört, könnt euch nicht entscheiden, wie ihr einem bestimmten Problem begegnen sollt? Oder, verlangt es euch nach Weisheit? Wisset, daß der Christus in euch all-weise ist. Laßt Christus erstarken in eurem Herzen und sprecht:

Ich bin die göttliche Weisheit

Sagt es aus der Tiefe eurer Seele, kraftvoll und viele Male. Dann wartet, bis euch Weisheit oder Wissen geschenkt wird. Habt den Mut zu warten, wartet auf Gott. Göttliche Weisheit wird euch den rechten Weg weisen.

Wenn ihr euren sicheren, starken Kontakt zu Gott fest behalten könnt, dann wird nichts mehr einen falschen Verlauf nehmen in eurem Leben. Ihr werdet es nicht mehr nötig haben, über Entscheidungen zu grübeln, da sie alle für euch getroffen werden. Aber ihr müßt wach sein im Geist, damit ihr unmittelbar auf die behutsame Führung der allmächtigen göttlichen Gegenwart in euch eingehen könnt.

*

Ihr fühlt euch ermüdet, zermürbt vom täglichen Leben? Ihr habt den Eindruck, mit den täglichen Erfordernissen nicht mehr recht fertig zu werden, nicht recht voranzukommen? Laßt nicht zu, daß ihr von Zweifeln oder Furcht niedergedrückt werdet. Die Macht des Christus in euch ist stark, sie kann alles zum Guten wenden, da sie von Gott kommt.

Sagt von ganzem Herzen:

Ich bin göttliche Kraft.

Sagt es so lange, bis Mut und Zuversicht zurückgekehrt sind. Und dann sagt es noch einige Male. Die Kraft des Christus-Geistes in euch wird euch befähigen, euch über eure Sorgen zu erheben und eure Last zu tragen, so als ob sie überhaupt nicht bestünde. Christus in euch wird sich triumphierend erheben über alles Irdische.

*

Wenn ihr euch bedrückt fühlt oder euch trübe Gedanken umschatten, schaut auf, erblickt die strahlende Sonne über euch in den geistigen Sphären. Empfindet ihre Kraft, ihre ständige Lichtaussendung in euer Herz. Sprecht:

Ich bin die Sonne... Die Sonne Gottes ist in mir.

Spürt es, das Gefühl, inmitten der Sonne und ein Teil von ihr zu sein. Erfüllt von der Kraft der Sonne ist euer Herz. Schreitet auf eurem Weg voran, in dem vollen Bewußtsein, daß das Licht der Sonne auf euch scheint, – auf euch und in euch.

*

Ihr fühlt euch deprimiert und entmutigt? Die Kraft der Gesundheit fehlt euch? Weist alle unsicheren Gedanken von euch. Wehrt euch dagegen, von der Dunkelheit der materiellen Welt niedergedrückt zu werden. Denkt an die Macht Gottes in euch, die alle Dinge neu erstehen lassen kann.

Sprecht mit Überzeugung:

Ich bin vollkommen, da mein Vater mich vollkommen erschaffen hat.

Sagt dies viele Male, bis die Gewißheit ein Teil von euch wird. Ihr, Kinder Gottes, seid heil, seid heil-ig, und wenn ihr das wahrhaft und ernsthaft denkt und wollt, dann werdet ihr es werden; dann werdet ihr es sein.

*

Wenn es euch schwerfällt, eure Gefühle zu beherrschen, oder wenn die Wahl, die Entscheidung, die ihr zu treffen habt, euch unschlüssig macht: In solchen Augenblicken atmet ruhig und tief und sagt zu euch selbst viele Male:

Gott ist in mir.

Dann seid still und laßt das All-Gute sich in euch offenbaren.

*

Wir wollen dieses Kapitel beschließen mit einem Meditationsbild, von dem wir glauben, daß es euch Hilfe und Freude geben kann.

Es wurde dem Buch «Meditation» von Grace Cooke entnommen:

Atme ruhig und rhythmisch und stelle dir vor, wie das geistige Licht in deinem Inneren immer leuchtender wird. Erblicke die Gestalt Christi in diesem Licht und nimm dieses Licht, dieses sanfte, Liebe verströmende Licht, tief in dich auf. Fühle, wie dein wahres Selbst im Grunde genommen das Wesen Christi ist. Meditiere andächtig über die Vollkommenheit seines Lebens, – du wirst dann eine unendliche geistige Freude tief in deinem Inneren aufsteigen fühlen.

Diese Gabe, Freude zu empfinden, ist ein Teil unserer Christus-Natur. In unserer Meditation sehen wir uns und unsere Welt in ein göttliches Licht getaucht, das unser ganzes Wesen mit Freude erfüllt.

In unserem Herzen spüren wir eine geistige Gegenwart, die uns den Weg öffnet in eine unsichtbare, herrliche Welt. Wir fühlen uns wie in Freude gebadet, emporgetragen zu den verklärtesten Höhen menschlichen und geistigen Glücks. Unser ganzes Wesen singt und tanzt vor Freude. Wir erkennen, daß das Leben voller Freude ist, und wir fühlen uns wie neu geboren in dieser greifbaren Welt der Freude. Wir denken an die Worte aus einem Psalm: «In Deiner Gegenwart ist die Fülle der Freude.»

White Eagle hat gesagt:

Das geistige Brot, das «ICH BIN» ist das über allem stehende Gott-Bewußtsein, und das Herz des Menschen ist der heilige Gral, gefüllt mit der göttlichen Substanz der reinen Liebe. Wenn der Mensch teilhaben kann an dem alles-erhaltenden Brot, dem leben-spendenden Wein, wenn er in Verbindung tritt mit dem Einen, Alles-Überstrahlenden, dann wird er um das ewige Leben wissen.

Das Gesetz der Liebe bewegt die Sterne der Milchstraße. Es erschafft alle Natur. Es befähigt die Spinne, ihr Netz zu spinnen, und die Biene, ihren Honig zu sammeln, den Vogel zu singen und die Rose, ihren Duft zu verströmen. Es ist das all-oberste Gesetz, das in allen Naturreichen wirkt und sowohl alle Abläufe des physischen Lebens durchdringt als auch das Leben in den astralen, mentalen und himmlischen Sphären, zu denen der Mensch sich schließlich hinentwickeln wird.

Alle Menschen, die in wahrer Verbundenheit mit dem Geistigen leben, die vom Brot des Lebens gegessen haben, werden frei sein auf der Ebene des himmlischen Bewußtseins, auch, während sie noch einen physischen Körper bewohnen. Das «ICH BIN» ist nicht länger etwas Unverständliches für sie. Das «ICH BIN» strahlt aus ihnen heraus, um allen Geschöpfen bei ihrer Entfaltung zu helfen. Es strömt aus und erreicht das Zentrum im Herzen Gottes, um dort EINS zu werden und mit dem Göttlichen zu verschmelzen.

IM HEILIGEN ATEM GOTTES

Dieses Kapitel beginnt mit einer Betrachtung von White Eagle über das Einatmen des göttlichen Odems, und wie wir durch ruhiges und bewußtes Atmen mehr in Einklang mit dem göttlichen Leben kommen können.

Alle Gebete, die nun folgen, atmen die Zuversicht und Harmonie, die im Rhythmus tiefen, bewußten Atmens ihren Ursprung haben. Diese Gebete sollten deshalb mit einer ruhigen, festen Stimme gesprochen werden, die von einem entspannten, gleichmäßigen Atem getragen wird, – mit einer Stimme, die völlig natürlich und ohne Pathos ist, die Wärme ausstrahlt und keinerlei Anstrengung benötigt.

Einige dieser Gebete sind einfach Gedanken, die wir an unseren Schöpfer richten. Andere sind mehr mystischer Art.

Ein Gebet, laut gesprochen, besitzt eine ganz besondere, nur ihm eigene Kraft. Das hat uns White Eagle mehrfach gesagt. Doch auch durch leises Lesen kann den Gebeten eine eigene – gesprochene oder ungesprochene – Sprache verliehen werden, die ganz allein im eigenen Herzen gefunden wird. Und so wird es zu einer engen Verbindung kommen zum unendlichen, liebenden, göttlichen Geist. Das gilt ebenso auch für Menschen, die sich bereits in der Mitte ihres Lebens befinden oder schon im Bereich geistig gerichteter Tätigkeit wirken.

In diesen Gebeten bitten wir weder um geistige Weiterentwicklung noch um unser persönliches Wohl. Sie geben einfach dem Sehnen der Seele Ausdruck, näher zum Herzen der Liebe zu gelangen. Sie wollen Licht und Liebe geben und den Willen Gottes im Menschenleben walten lassen.

Sie werden auch Heilung und Stärkung bringen in Zeiten des Leidens und der Schwierigkeiten – und den Zeiten der Freude weiteres Glück hinzufügen.

Sie sagen alle auf ihre Weise das folgende: «Dein Wille geschehe, wie im Himmel, so auch bei uns auf Erden.»

Die Gedanken, die jeder einzelnen Gruppe von Gebeten vorangestellt werden, sind direkt den Durchsagen von White Eagle entnommen, und sie werden den Geist der Gebete, hoffen wir, klar zu erkennen geben.

Den Odem Gottes einatmen

Wir sprechen oft zu euch von dem Einatmen des heiligen Atems. Was bedeutet dieser heilige Atem? Die Antwort lautet: Harmonie. Wenn wir bewußt den Odem Gottes in uns einströmen lassen, dann atmen wir Harmonie ein und Heilung.

Über die Kunst des Atmens gibt es vieles zu lernen, denn die Art, wie wir diesen natürlichen Vorgang ausführen, kann unser ganzes Leben bestimmen, – unsere geistige Entwicklung und unsere körperliche, seelische und geistige Gesundheit.

Entspannen wir unseren Geist und unseren Körper und atmen wir tief, ruhig und langsam. Beim Einatmen stellen wir uns vor, wir atmen Licht und Leben ein, und nicht nur die Luft, die uns umgibt; jedes Partikelchen unseres Seins wird erfüllt mit Gottes Odem. Wenn wir dies tun, werden wir auf wunderbare Weise befreit sein von allen Problemen, die uns beunruhigen, denn unser Geist wird ganz in Gott sein. Wir werden Erleichterung finden von der Last der Sorgen und Begrenzungen, wenn wir dieses tiefe «Gott-Einatmen» bewußt vollziehen. Wir werden Frieden, Gleichgewicht und Beherrschtheit gewinnen. Wenn wir langsam, rhythmisch und ruhig atmen, werden wir das Irdische vergessen können und unsere Gedanken erheben zu der höheren Welt, welche die Welt des Geistes ist.

Atmet den Duft der Rose ein. Atmet ein das Licht Gottes. Atmet aus die Liebe Gottes. Erkennt Gott in der Stille. Frieden... Frieden... seid ruhig und bleibt in der Stille.

Das Christus-Licht

Das Christus-Licht scheine in meinem Herzen.

Möge es meine Gedanken bewachen und mein Reden und Handeln auf den Weg des Dienens führen.

Das Christus-Licht strahle aus meinem Herzen,
um alle Menschen, die krank sind an Leib und Seele, zu heilen,
um zu trösten, die sich verlassen fühlen,
um den Schwachen und Hilflosen Zuversicht zu bringen.

Möge das Christus-Licht mein Verständnis und das Verständnis aller Menschen erleuchten. Möge es mein inneres Schauen erwecken und mir die Ewigkeit des Lebens zum Bewußtsein bringen. Möge ich erkennen, daß Christus in allen Menschenherzen ist.

Dienst am Mitmenschen

(Die folgenden Worte von White Eagle wurden an die Mitglieder seiner Loge gerichtet. Sie können aber auch für jede andere Gruppe gelten.)

Wenn ihr eintretet in diese Loge, so tut es mit dem Gedanken: Ich bin gekommen, weil ich den Wunsch habe zu dienen. Ihr tretet ein, um still zu werden, um zu beten, und um für eine kurze Zeit das alltägliche Leben zu vergessen, – um eins zu werden mit Gott und Ihm von Herzen zu dienen.

Wir brauchen eure Bereitschaft zu dienen. Wir brauchen euren Dienst der Liebe, und ihr braucht die Hilfe geistiger Wesen und jenseitiger Freunde. Und so finden wir die wunderbare Möglichkeit, uns gegenseitig zu helfen, um den Menschen auf ihrem Pfad, der sie zu All-Vater-Mutter-Gott führt, zu dienen.

Seid euch bewußt, daß eine Schar von Engeln der Heilung euch umgibt, und daß sie euch mit ihren Heilstrahlen berühren. Sie können euren Körper und auch eure Seele heilen. Aber diese Heilkraft kann sich nur voll entfalten, wenn ihr den Willen und die Bereitschaft habt, zu lieben und anderen zu helfen. «So wie ihr gebet, so werdet ihr auch empfangen.»

Wie schön wäre es, wenn ihr dieses Schlüsselwort mit in euer Leben nehmen würdet, – in das Leben von morgen, das jeden Tag wieder neu beginnt. Nehmt es mit in Werkstatt, Fabrik und Warenhaus, in die Büros oder Schulen. Alle Möglichkeiten eurer Aktivität kann es durchdringen. Tragt in diese Welt den Willen zu dienen. Nicht arbeiten solltet ihr, um etwas dafür zu «ver-dienen», sondern um zu helfen und zu dienen.

Es wird auch Menschen geben, bei denen ihr das Gefühl habt, daß sie eurer Liebe und eures Dienstes eigentlich nicht würdig sind. Doch bedenket: Wäre es nicht möglich, daß diese Menschen leiden oder Sorgen und Probleme haben, die ihr nicht kennt? Lernt, sie so zu nehmen – oder, wenn es sein muß, zu ertragen – wie sie sind, und bringt ihnen euer Mitgefühl entgegen.

Auch sie reisen auf der Straße des Lebens, genau wie ihr. Und vielleicht brauchen gerade sie Hilfe von euch. Wenn ihr eure Aufgabe richtig erfüllen wollt, dann müßt ihr euren Mitmenschen mit Weisheit und Liebe dienen. Und denket daran, daß es dieser Dienst ist, der dem Menschenherzen Würde und Demut bringt.

Die Heilkraft Gottes

Großer Weißer Gott des geöffneten Himmels, der Bergeshöhen, der sich durch die Lande ziehenden lieblichen Täler; großer Geist der Liebe, – reichliche Fülle hast Du Deinen Kindern beschert. Lehre uns, Deine Heilkraft zu empfangen, das Brot Deines Geistes. Möge ewige Weisheit jedem wartenden Herzen Nahrung spenden; mögen wir, Deine Kinder, emporgehoben werden in den Machtbereich geistiger Sicht und unterscheiden lernen, was wirklich und was unwirklich ist. Möge jede Seele Stärkung von Dir empfangen.

Und so legen wir auf den Altar des Dienens... uns selbst, – unser ganzes Sein.

Das schlichte Zu-Hause der Liebe

Großer Geist der Liebe, wir wollen darum beten, Deiner glorreichen Herrlichkeit immer mehr gewahr zu werden; auf daß unser Licht strahlender und beständiger werde, damit die anderen, die des Lebens Reise tun, das Licht erblicken können, und wir sie willkommen heißen in dem schlichten Zu-Hause der Liebe, – das wir aufbauen wollen für alle, die den Weg des Lebens mit uns wandern.

Ein Bruderschaftsgebet

Großer Architekt des Universums, wir haben uns hier zusammengefunden, um von den geistigen Mächten, die Dir dienen, göttliche Wahrheit für unser Leben und unser Dasein zu empfangen. Wir, Deine Diener, haben uns sorgsam vorbereitet und übergeben Dir unser innerstes Selbst. Wir erwarten Deine Anweisungen. Mit Deiner Weisheit in unserem Herzen, Deiner Schönheit vor unserem inneren Auge und Deinem Willen in unserem Denken wollen wir fortwirken, um Dein Werk in Deinem Namen zu vollenden, zu Deiner Ehre und Herrlichkeit. So sei es, Amen.

Gnade

Alles, was den Herzen der Menschen Freude und Licht bringt, ist das Werk des Meisters.

So wird auch Gottes Segen auf unseren Taten ruhen, auf dem, was uns Freude bereitet und auf allem, womit wir Ihm dienen.

Diener der Menschheit

O großer Geist, Vater-Mutter-Gottheit... Ruhm,
Ehre und Herrlichkeit sei Dein. Wir sagen Dir Dank,
jetzt und für immer und für alle Zeit. Du allein bist
die Wirklichkeit, Du allein bist das Licht, Du allein
bist Friede; Du bist die All-Liebe.

Liebe... göttliche Liebe erquicke unsere Herzen,
damit wir gute Diener der Menschheit werden, voll
Liebe und heiterer Gelassenheit, – sicher und zuver-
sichtlich auf unserem Weg.

Mögen wir so den Weg finden in den großen Frieden, in den ewigen Frieden, die ewige Liebe, die ein-
zige Wirklichkeit, das einzig wahre Leben.

Möge das Licht leuchten

Göttlicher Geist, wir sind Dir dankbar für alles, was
schön und liebenswert in unserem Leben ist und für
alles, was unserem Fortschritt dient. Wir wollen Deine Liebe nie vergessen, noch außer Acht lassen, wie
sehr unser Bruder Deiner Liebe bedarf. Wir beten,
daß wir mehr und mehr ein Kanal des Lichtes für Dich
werden, durch den Dein göttliches Licht bis in die
dunkelsten Winkel des Lebens scheinen kann.

Dankbarkeit

Geliebte Freunde, wenn wir – still geworden – in unserer kleinen Gruppe beieinander sind und uns mit dem Unsichtbaren vereinen, dann ahnen wir vielleicht auch etwas von der Lobpreisung und Dankbarkeit, welche vom Herzen Gottes in die Welt ausstrahlt. Es mag ein wenig merkwürdig sein, sich vorzustellen, daß selbst Gott von Dank erfüllt ist. Aber wir bitten euch, über diesen Gedanken nachzusinnen, daß Gott Seinen Dank in das Universum ausströmen läßt. Gott erschuf diese Welt, den Himmel und alle Wesen.

Und als Er Seine Schöpfung erschaute, brachte Gott Seinen Dank dar. Tief in euer innerstes Herz möchten wir das Gefühl einprägen für das immerwährende Ausströmen einer großen Danksagung für alles – das Leben, die Nahrung, die Freude am Leben, aber auch für jene Erfahrungen, die uns bitter erscheinen mögen. Denn selbst diese enthalten den Segen Gottes für Seine Kinder. Laßt uns nachsinnen über diesen Gedanken: für alles Dank zu sagen, was uns gegeben wird und für alles, was wir selbst geben dürfen. Wir danken Gott, wir danken dem Leben, wir danken dem Universum.

Sobald wir das innerste Heiligtum betreten haben, um Gott in Geist und Wahrheit anzurufen, sollten wir gewahr werden, wie die Tore der Lobpreisung und Danksagung sich weit vor uns öffnen. Wenn unsere Seele auf ihrer geistigen Reise diesen Punkt erreicht hat, wenn sie sich von der Erde in den Himmel erheben und dort für eine Zeit verweilen kann, dann wird eine der großen Offenbarungen für sie die Wahrneh-

mung von Lobpreisung und Dank sein. Und auch wir
auf Erden können mit einstimmen in diese mächtige
Symphonie.

Wir müssen über das Sichtbare hinaus zum Un-
Sichtbaren gelangen. – Es gibt viele Seelen, die Gott
unaufhörlich danken, obgleich sie nicht sehr religiös
zu sein scheinen. Sie begegnen uns als ganz gewöhnli-
che Leute in unserem Alltag. Doch, wenn wir genauer
hinsehen, dann stellen wir fest, daß ihr ganzes Sein
von Lebensfreude überfließt. Wir bemerken, daß sie
die wunderbare Gabe besitzen, allem, was sie in ihrem
Leben berühren, Schönheit zu verleihen. Sie genießen
von Herzen die Nahrung, die ihnen Gottes Großmut
geschenkt hat. Sie lauschen einer Musik und werden
in die Höhen der Begeisterung und Dankbarkeit getragen. Sie bewundern eine Blume und sehen nicht
nur die Blume, sondern Gott selbst in ihr. Sie werden
Ihn vielleicht gar nicht beim Namen nennen; sie werden noch nicht einmal sagen, daß Gott zu ihnen in
dieser Blume spricht, – aber ihre Seele staunt über all
die leuchtenden Blumen, über die liebliche Land-
schaft der Wälder; und von all dieser Schönheit – die
zu sehen sie die Gabe haben – bekommen sie ein helles, strahlendes Glück geschenkt; für immer rühren
sie an die unsichtbaren und ungreifbaren Dinge, auch
wenn sie niemals von Gott sprechen.

Solche Seelen singen keine Lobpreisungen oder
knien nieder im Gebet. Aber ihnen zu eigen ist eine
allgegenwärtige Art, ihren Dank zu bezeugen. Sie leben einfach in der Gegenwart und im Sein Gottes.

Dankbarkeit ist auch eine Form des Gebetes. Und
der Dankbarkeit sehr nahe verwandt ist das Anneh-

men-Können. Dieses Annehmen-Können kommt aus der Tiefe unseres Herzens, von einem festen inneren Wissen, daß alles, was uns das Heute bringt, die Frucht dessen ist, was wir mit unseren eigenen Händen gesät haben, – vielleicht vor hunderten von Jahren. Ganz gleich, was wir von der Gegenwart erhalten, es ist die Ernte unserer eigenen Aussaat. Deshalb sollten wir diese Ernte bescheiden und dankbar entgegennehmen, denn sie hilft uns, wie nichts anderes es tun würde, einfach zu werden und unseren Schöpfer wahrhaft zu erkennen.

Lebensfreude

Du, der Du unser Vater Gott bist, der große weiße Geist der offenen Prärie und des von den Winden freigefegten Himmels; der Blumen und des Regens und der ruhig dahinfließenden Wasser. Du sprichst zu uns durch die Herzen aller, die wir lieben. Wir kommen zu Dir. Wir verehren Dich. Wir danken Dir, daß wir unser Leben freudig leben dürfen. Jeder von uns mag auf seine Weise und mit seinen Gaben Deinen Segen der Liebe erwidern. Dein Friede umhülle uns, während wir auf dem Pfad des Lebens zu Dir wandern.

Das Gebet eines kindlichen Herzens

Unser liebender Vater und unsere Mutter, Gott, wir danken Dir für alle Schönheit dieser Erde, für die Liebe unserer Freunde, für die Freundlichkeit, der wir jeden Tag begegnen dürfen, für die Freude, anderen dienen zu können – für diese wunderbare Welt, in der wir leben. Wir danken Dir für jede unserer Handlungen, mit denen wir andere Menschen glücklich machen dürfen. Wir danken Dir für alle Menschen, denen wir in Liebe verbunden sind, für alles, was Du uns gegeben hast – den friedlichen Schlaf und die Stunden des Erwachens sowie für das Brot der Erde und des Himmels, welches uns Leib und Seele erhält.

Für die Freundschaft und Zuneigung von Tieren danken wir Dir; für alle Menschen, die arbeiten, damit wir Nahrung und Kleidung haben, und für Gesetz, Ordnung und Harmonie, die unser inneres Leben bestimmen.

Wir beten, o Gott, daß wir so leben mögen, daß wir andere Menschen immer mehr verstehen lernen und zum tieferen Frieden eines alles verstehenden Herzens finden; zu einem Frieden, der wahrhaft Dein Frieden ist, geliebter Vater, geliebte Mutter, all-guter, all-gütiger Gott.

Friede

«Frieden, Gelassenheit und Ruhe in Geist und Herz»... Das ist wohl eine Gemütsverfassung, zu der der Mensch in seinem oft von wilden Stürmen umtobten Leben nur schwer gelangen kann. Und dabei ist nichts so wichtig für alle Seelen, die zu der großen weißen Loge in den unsichtbaren Welten streben, als diese geheimnisvolle Kraft eines ruhigen, friedlichen Gemütes zu entwickeln.

Wir raten euch, geliebte Kinder, im Tumult eures irdischen Lebens nicht müde zu werden, diesen Frieden für Geist und Herz immer wieder aufs Neue zu erbitten. Möge es euer tägliches Gebet sein. Und, wenn ihr erst einen gewissen Grad an Gelassenheit erreicht habt, werdet ihr es auch selbstverständlich finden, Liebe zu schenken. Ernsthaft solltet ihr deshalb darum beten, daß innerer Frieden und Liebe sich immer stärker in euch entfalten.

Jenseits davon sind die Geschäftigkeit, die Unruhe und der Lärm der äußeren Welt, die so bezeichnend sind für euer Leben auf Erden. Doch innerhalb dieser Loge, da ist Liebe, da werdet ihr Frieden finden.

Im Alltag eures äußeren Lebens, in den Bereichen der Öffentlichkeit herrschen so viel Härte, Disharmonie, Lärm und Störungen mancher Art. Möge daher in euren Herzen immer Friede sein. Stille und Liebe.

Die Stimme des Meisters ist der Christus in eurem Herzen. O geliebte Brüder, wir verstehen so sehr eure persönlichen Schwierigkeiten und Probleme, wir wissen so gut, wie schwer es oft ist, euer innerstes Heiligtum, die Loge eures Herzens, vor der Zudringlichkeit ungestümer Mitmenschen und dem Eindringen unerwünschter Kräfte abzuschirmen. Aber gerade das ist es ja, was ihr lernen sollt. Das ist eure Aufgabe als Bruder: Ihr müßt den Frieden und die Unantastbarkeit eures Innersten bewahren, damit ihr die äußeren

Situationen des Lebens so zu beherrschen lernt, daß ihr die Stimme eures Meisters jederzeit in eurem Herzen hören könnt...

Wenn ihr die Fähigkeit hättet, mit wahrer, reiner geistiger Vision zu sehen, so würdet ihr in die Herzen aller Menschen schauen können und, versteckt unter all dem Seelenschutt und den vielen Überflüssigkeiten, eine große Zartheit finden. Versucht es, diese wahre Sicht in euch zu entwickeln, so daß ihr die Sanftheit in eures Bruders Herz erblicken lernt. Gegenwärtig ist es noch so, daß nur Gott oder die großen weisen Brüder die Zartheit und Behutsamkeit in des Menschen Herz erkennen können. Aber ihr alle seid ja auch immer mehr und mehr dabei, diese Fähigkeit langsam in eurem Innersten zum Leben zu erwecken: in die Dunkelheit zu schauen und das Licht leuchten zu sehen.

Ein Augenblick tiefer Stille

O göttliche Gegenwart. Wir atmen den Odem der Stille ein, wir öffnen Dir unser Herz. Du weißt um die Nöte Deiner Kinder. Wir wollen keine Fragen stellen, sondern danach streben, im Einklang mit Deiner Liebe zu leben. Der Friede Deines Geistes soll in uns wohnen, und wir sind gewiß, daß alles gut ist, so wie es uns von Dir gegeben wird.

Gebet eines Indianers

Tiefer Friede der offenen Prärie und des von den Winden freigefegten Himmels, der dahinströmenden Flüsse, der stillen Täler und der erhabenen Bäume, die getreu und fest an den Hängen der Berge stehen. Sie halten beharrlich stand den oft so ungestümen Winden des Lebens... Tiefer Friede Gottes, o wohne in uns. Schenke uns die Urkraft der Natur, die uns zurückführen kann zu Dir, unserem Vater.

Deine Hand in meiner Hand

Vater, erfülle mich mit Deinem Geist, damit ich die Welt überwinden lerne, die mich immer wieder so gefangenhält, und die meinem Körper und meinem Geist oft sehr viel Mühsale bereitet. Möge Deine Liebe mich so durchdringen, daß ich Kraft finde, in Dir meinen Weg weiterzuwandern – Deine Hand in meiner Hand – mein Herzschlag ruhend in Deinem Herzen – mein Leben geborgen in Dir.

Leben in Harmonie

Ewiger Geist, Vater-Mutter-Gott, ich suche Deine Gegegenwart.

Ich verschließe die Türe meiner äußeren Sinne und betrete Deinen Tempel, den Tempel in meinem Herzen. Und in der Stille des Geistes bete ich andächtig zu Dir, o Herr der Schöpfung.

In Dankbarkeit strebe ich hin zu Dir. Ich bete darum, des Lebens Erfahrungen begreifen zu lernen und die Gesetze zu verstehen, die das geistige Universum regieren.

Weit öffne ich meinen Geist Deiner Wahrheit...

Voll von Liebe ist mein Herz für alle Lebewesen auf dieser Erde.

Dein Geist führe mich zum Zentrum aller Harmonie, zu einem Leben in Harmonie. Denn nur in Harmonie können Gesundheit und Vollkommenheit wahrhaft gedeihen.

Verständnis für das Leben

In Zusammenhang mit Kapitel 5 des Matthäus-Evangeliums hat White Eagle einmal geäußert:

Über Jesus wird uns gesagt: «Nachdem er der Menge ansichtig geworden war, ging er hinaus auf einen hohen Berg. Und als er sich dort niedergesetzt hatte, kamen seine Jünger zu ihm.»

Wenn wir diese Worte nur nach rein irdischen Gesichtspunkten auslegen, so stellen wir uns nichts anderes vor, als einen hohen Berg außerhalb Jerusalems, den Jesus aufgesucht hatte. Und so mag es auch gewesen sein.

Doch wäre es auch möglich, die Schrift so auszulegen, daß Jesus sich auf einen «Berg» seines höheren Bewußtseins begeben hatte. Selbst er, der rein und klar und unmittelbar das Licht und die Weisheit Gottes empfangen konnte, mußte erst in dieses höhere Bewußtsein entrückt werden, bevor er von dort aus wieder erneut auf die physische Ebene niedersteigen konnte, um den Menschen seine Lehre zu bringen. Die Jünger, die dem Meister folgten – heißt es – kamen zu ihm. Auch sie wurden demnach in einen Zustand des höheren Bewußtseins erhoben. Und erst danach wurde es ihnen zuteil, das Wort Gottes und die inneren Mysterien zu verstehen, die Jesus ihnen offenbarte.

Diese Betrachtungen lehren uns, daß weder durch den Verstand allein, noch von einer ausschließlich materiellen Sicht her, der Mensch die Wahrheit je begreifen wird. Wobei der Intellekt etwas sehr Nützliches ist und sich entwickeln muß, damit die Seele die Erhabenheit des Universums erfassen kann.

Wenn jedoch der Verstand allein den Geist beherrscht, wird es nicht ausbleiben, daß er ihn schließlich zu seinem Gefangenen macht. Das hat zur Folge, daß sich die göttliche Intelligenz, die in uns Menschen angelegt ist, nicht, wie vorgesehen, entfalten kann. Und dadurch entsteht dann der verhängnisvolle Fehler einer Überbewertung des Intellektes, wie er heutzutage allzu häufig begangen wird.

Wird der Intellekt jedoch geführt und geleitet durch das göttliche Licht, das der Mensch in seinem Herzen trägt, dann wird der Intellekt zum Instrument hoher geistiger Intelligenz und vermittelt Wissen und Weisheit der himmlischen Welten. Dann nimmt er seinen ihm angemessenen und berechtigten Platz in der Entwicklung des einzelnen Menschen und der Entfaltung der gesamten Menschheit hier auf Erden ein.

Wir möchten in diesem Zusammenhang festhalten, daß es zwei Aspekte des Lebens gibt: den äußeren und den inneren. Der Mensch trachtet oft nur danach, Gott mit Hilfe seines Intellektes verstehen zu können: Er liest Bücher, erforscht die Meinungen anderer, analysiert, kritisiert und meint, damit die volle Wahrheit erkannt zu haben.

Aber das ist nicht der Weg, meine Freunde. Der Weg zur Wahrheit ist der Weg des Geistes, ist der Weg des Lichtes, der vom Herzen des Menschen seinen Ausgang nimmt.

Es gilt, all jene geistigen Fähigkeiten, mit denen Gott seine Söhne und Töchter auf Erden ausgestattet hat, zu verstehen und zu entfalten. Das geschieht durch den Weg der Meditation und Kontemplation, wie es uns die heiligen, erleuchteten Geister stets gelehrt haben.

Aber, selbst dies ist nicht genug. Der Mensch kann sein Leben lang über die glorreiche Herrlichkeit der himmlischen Welten meditieren, und doch unfähig bleiben, sein Ziel zu erreichen. Gottes Absicht für die Menschen auf Erden sieht die Erlangung einer vollkommenen Harmonie des Gleichgewichts zwischen Geist und Materie vor, zwischen dem göttlichen und dem irdischen Leben.

So entstand das Symbol des Sternes, das den vollkommen im Gleichgewicht befindlichen Menschen darstellt und ebenso den Christusgeist repräsentiert. Möge dieses Symbol Ausdruck finden im täglichen Leben, in schlichter Bescheidenheit, Freundlichkeit und Höflichkeit, im Annehmen Gottes als dem einzig wahren Quell des Lebens. Durch unseren intensiven Kontakt mit den geistigen Ebenen, doch ganz besonders durch unser dienen wollen und das Bejahen unserer menschlichen Erfahrungen, werden wir den Zutritt zu den Mysterien des Lebens erlangen.

Befreiter Geist

O großer Geist allen Lebens und der Wahrheit. Wir beten zu Dir, daß sich unser Bewußtsein mehr und mehr erweitern möge, damit wir Liebe und Bruderschaft besser verstehen und in unserem Leben verwirklichen können. Wir danken Dir für den Segen der Bruderschaft und für den Kontakt mit dem Geistigen... Wir geloben hier in der Stille, stark genug zu sein, um alle Erfahrungen anzunehmen. Werden sie uns doch als Möglichkeit gegeben, unsere geistige Sicht zu erweitern und zu reinigen. Unserem höheren Selbst wollen wir stets treu bleiben, denn unser höheres Selbst war es, das um Erleuchtung gebeten hat.

Bevor wir geistige Lehren hören

Meine Brüder, wie in einem einzigen, vollen Akkord wollen wir uns dem Zentrum aller Weisheit und Liebe nähern. Laßt uns die Stätten des äußeren Lebens verlassen, um in das Heiligtum der Stille einzutreten; mit geneigtem Haupt und mit demütigem Geist... Vater-Mutter, gesegnete Gottheit, wir kommen, uns mit Dir zu vereinigen und Deine Strahlen des Lichtes und des Lebens in uns aufzunehmen. Wir danken Dir für Deinen Sohn, das Licht, das in unserem Inneren scheint. Möge es unser Leben durchdringen, – hier auf Erden, wie auch in den Sphären des Geistes – damit wir etwas beitragen dürfen zu Deiner strahlenden Herrlichkeit.

Der Herr ist mein Hirte

Immer, wenn ihr beginnt, über-ängstlich zu werden, euch überarbeitet, überfordert fühlt, wenn ihr euch aufregen müßt über die täglichen Ereignisse sowohl in der äußeren Welt als auch in eurem persönlichen Leben, – legt alles beiseite, gewährt euch eine Pause, und erinnert euch der Worte: «Der Herr ist mein Hirte, mir wird nichts mangeln.»

«Der Herr ist mein Hirte.» Was heißt das nun? Es bedeutet ganz einfach, daß Gott uns als Seine Kinder, nach Seinem Ebenbild erschaffen und uns den Odem Seines Lebens eingehaucht hat.

Damit ist nicht nur der physische Atem und das Leben unseres physischen Leibes gemeint, sondern die Tatsache, daß wir selbst ein Teil Gottes sind. Gott hat

Sein Leben, Sein Wesen, Seine göttliche Liebe in uns eingehaucht. In unserem Allerinnersten sind wir ein Teil von Ihm – sind wir eins mit Gott, mit der göttlichen Intelligenz, welche über jeder Einzelheit unseres menschlichen Lebens waltet.

Das wird schwer zu verstehen und mit eurem begrenzten Verstand kaum zu erfassen sein. Ihr werdet nicht begreifen können, wie es einer hohen Intelligenz möglich sein kann, in jeden eurer Gedanken und Gefühle einzudringen; jedes Ereignis eures Lebens in großer Weisheit zu lenken und euch – wenn ihr einst sterben werdet – in behutsamer, friedlicher, wunderschöner Weise fortzunehmen und durch das hohe Tor in die himmlische Welt zu tragen, von der ihr hergekommen seid.

Eine lange Zeit ist vergangen, meine Kinder, seitdem ihr eure himmlische Heimat verlassen habt; diese Welt des Sonnenlichtes, der geistigen Sonne, die euer aller Ursprung ist; und deshalb ist es möglich, daß ihr vergessen könnt, daß ihr alle geistigen Ursprungs seid; wurdet ihr doch aus der Liebe Gottes geboren, und so auf immer mit ihm verbunden. Immer wieder solltet ihr euch bewußt machen, daß ihr ein Teil der ewigen, geistigen Sonne seid.

Suchet das Licht, meine Kinder. Erhebt euch von der Erde und wendet euer Gesicht der Sonne zu. Atmet ein den Odem des Lebens eures Vaters Gott, welcher im Himmel ist, und der – wenn die Zeit dafür gekommen ist – jedes einzelne Seiner Kinder auf dieser Welt, über alle Zeiten hinweg, in Liebe zu sich heimführen wird.

Täglich suchet die Gegenwart Gottes. Denkt daran,

jeden Morgen, wenn ihr erwacht, jeden Abend, wenn ihr zur Ruhe geht, daß ihr in der Liebe eures himmlischen All-Vater-Mutter-Gottes seid: und ihr werdet euch emporgetragen und von allen Spannungen befreit fühlen.

Öffnet immer wieder euer Herz für die Einstrahlungen dieses erhabenen Sonnen-Lebens. Euer ganzes Sein, Körper, Seele und Geist, wird dann erfüllt sein von der Kraft des göttlichen Lebens, das ewiglich ausströmt vom Herzen Gottes.

Bevor wir schlafen gehen

Großer weißer Geist, Vater der Liebe und des Friedens, hebe uns an Dein Herz, damit wir ausruhen können an Deiner Brust. Geistige Kraft und Erleuchtung laß' uns empfangen, damit wir am Morgen mit Freude erwachen können mit dem Wunsch zu leben und aller Welt Wahrheit und Freude zu bringen.

Vater, Dir danken wir.

Hingabe

Wir öffnen unser Herz dem großen weißen Geist...

Du, der Du die Vater-Mutter-Gottheit bist, und deren Sohn der Christus aller Menschen ist, – wir dienen Dir in Demut. Wir danken Dir für unsere Erschaffung und alle Gaben, die uns das Leben schenkt. Auch wenn wir dazu gerufen werden, in den Gefilden der Schatten zu wandeln, wissen wir doch, daß Du bei uns bist, daß Du uns durch die Finsternis hindurch in das strahlende Licht Deines Lebens führen wirst. Wir geben uns Deiner Liebe hin. Wir wissen, daß Du die Liebe bist, und daß wir uns vor nichts im Leben fürchten müssen.

Gewißheit

Wir möchten euer Herz mit der Gewißheit tiefster Geborgenheit und tiefem Frieden erfüllen.

Richtet eure Gedanken auf Gott, auf das All-Gute... Setzt euer Vertrauen auf Gott. Laßt euch durch nichts verunsichern. Legt eure Hand in die Hand des göttlichen Sohnes, der da Christus ist. Kein Leid wird euch berühren können, nichts euch Schmerz zufügen. Dies ist ewige Wahrheit.

Zu Deinem liebenden Herzen kommen wir, o Herr. Umhüllt sind wir von Deiner lichten Aura der Liebe.

Dir geben wir alles hin, – das, was wir haben, und das, was wir sind. Alles Glück der Erde und aller Friede des Lebens sind Dein und haben ihren Ursprung in Dir. Unser Herz sagt Dir Dank; für immer und für alle Zeit.

Aus White Eagle's Buch `HEAL THYSELF («Heile dich selbst»)

Der Meister umhüllt euch mit seiner Liebe. Er kennt euer Herz und eure Bedürfnisse. Er weiß aber auch, daß die Probleme und Schwierigkeiten des Erdenlebens ein wesentlicher Bestandteil eures Karmas sind; und so lehrt er euch, durch Standhaftigkeit und seelische Disziplin euch selber zu helfen.

Es ist ja gar nicht so wichtig, welche Ereignisse euch im Leben begegnen. Entscheidend ist, wie ihr sie bewältigen und überwinden könnt, wieweit ihr bereit seid, das Schicksal einfach anzunehmen, es positiv zu sehen und aus euren Erfahrungen zu lernen.

Es gibt in allen Situationen immer zwei Möglichkeiten des Verhaltens: Man kann sich zum Beispiel überfordern, überarbeiten und gesundheitlich davon betroffen werden und immer wieder neu in diesen Zustand geraten. Man kann aber auch einfach ganz still und ruhig werden und nicht aufhören, die Stätte der Harmonie und Krafterneuerung zu suchen. Der erste Schritt dabei wird sein, die in Aufruhr geratenen Gefühle zu beschwichtigen. Danach kann es gar nicht mehr schwerfallen, das allerinnerste Zentrum – die Verbindung mit Gott – zu finden, und von dort aus neue Kräfte aufzunehmen und zu sammeln. Und nun wird auch der Zeitpunkt gekommen sein, die eigenen Probleme in aller Ruhe zu überprüfen und zu sagen: «Lieber Gott, gib' mit die Kraft so zu handeln, wie der Meister in dieser Lage gehandelt hätte.»

In der Nähe des Meisters lösen sich Ärger und Unmut auf. Ihr werdet sanft emporgehoben über alle Anstrengungen und Widersprüche des menschlichen Lebens. Ihr werdet erfüllt sein von Frieden, beseligt von staunender Bewunderung und Liebe.

Wenn ihr innerlich weit genug seid und die Weisheit habt, so zu handeln, wie wir es euch geraten haben, so wird es nicht mehr möglich sein, daß ihr durch eure aufwallenden Gefühle hin- und hergerissen werdet, noch wird euch irgend etwas in Verwirrung oder Verlegenheit versetzen können. Denn dort, in eurem eigenen Herzen, werdet ihr die ewig leuchtende Flamme erschauen können, das Licht der geistigen Sonne, das so hell und strahlend scheint. Wenn ihr euch auf diese reine, helle, weiße Flamme konzentriert, wird sich euch die Majestät der Sonne enthüllen. Ihr werdet wissen, daß ihr der Meister eures Körpers seid und der Herr über alle Geschehnisse in eurem Leben. Nichts wird euch mehr verletzen können. Gottes Gegenwart, die ihr tief in euch empfinden werdet, ist das ewige ICH BIN. – «Seid still und wisset: ICH BIN euer Gott.»

Wenn die Liebe in eurem Herzen euch so weit geführt hat, daß ihr diesen geistigen Kontakt nie mehr verlieren könnt, dann werden alle Unbillen des Lebens versinken in einem unendlichen, wunderbaren Frieden. Der göttliche Plan der Vollkommenheit wird sich erfüllen.

Habt den Mut, aus dem Wissen und der Weisheit zu leben, die euch in diesen stillen Augenblicken der Gebete und Meditationen geschenkt wurden.

Erkennet den rechten Weg und folget ihm, trotz Finsternis und Gleichgültigkeit.

Durch rechtes Denken und Reden und brüderliche Liebe zu allen Lebewesen werdet ihr mitwirken, das Licht im Herzen des Bruders zu erwecken und ihm helfen, den wahren Sinn des Lebens und die Liebe Gottes zu erkennen.

WHITE EAGLE BÜCHER

IN DER STILLE LIEGT DIE KRAFT (The quiet mind)
Auslese der markantesten Worte von White Eagle
55 Seiten, (DM / Sfr. 10.- / ÖS 75.-) 6. Auflage

WUNDER DES LICHTES (Morninglight)
Über das Woher, Wohin und Warum des Menschen
64 Seiten, (DM / Sfr. 10.- / ÖS 75.-) 3. Auflage

VOM LEBEN JENSEITS DER TODESPFORTE (Sunrise)
Ein Buch, das Trost spendet und wahres Wissen vermittelt
64 Seiten, (DM / Sfr. 10.- / ÖS 75.-) 4. Auflage

GEBETE IM NEUEN ZEITALTER (Prayer in the new age)
Gebete und Invokationen
95 Seiten, (DM / Sfr. 12.- / ÖS 90.-) 2. Auflage

WEISHEIT VON WHITE EAGLE (Wisdom from White Eagle)
Vermittelt das Weltbild des neuen Zeitalters und erklärt das
geistige Gesetz und seine Auswirkungen
95 Seiten, (DM / Sfr. 12.- / ÖS 90.-) 3. Auflage

UNSER GEISTIGER BRUDER SPRICHT (The gentle Brother)
Geistige Ratschläge für den Alltag
80 Seiten, (DM / Sfr. 12.- / ÖS 90.-) 1. Auflage

MEDITATION (Meditation)
Theorie und Praxis der White Eagle-Meditation
118 Seiten, (DM / Sfr. 16.- / ÖS 120.-) 4. Auflage

DER GEISTIGE PFAD (Spiritual Unfoldment I)
Geistige Entwicklung und Entfaltung der Seelenkräfte des
Menschen
125 Seiten, (DM / Sfr. 16.- / ÖS 120.-) 3. Auflage

NATURGEISTER UND ENGEL (Spiritual Unfoldment II)
Das verborgene Leben der Naturgeister und Engelwesen
84 Seiten, (DM / Sfr. 12.- / ÖS 90.-) 3. Auflage

DIE STILLE DES HERZENS (The Still Voice)
Ein Buch für stille Stunden
106 Seiten, (DM / Sfr. 16.- / ÖS 120.-) 1. Auflage

WARUM? (Joan Hodgson)
Ein White Eagle Buch über den Sinn des Erdenlebens
136 Seiten, (DM / Sfr. 16.- / ÖS 120.-) 2. Auflage

WER IST WHITE EAGLE (von Walter Ohr)
48 Seiten, (DM / Sfr. 8.- / ÖS 60.-) 2. Auflage

DIE GOLDENE ERNTE DER LIEBE (Golden Harvest)
Der Weg der geistigen Erfüllung
64 Seiten, (DM /Sfr.12.-/ÖS 90.-) 2. Auflage

DAS GROSSE WHITE EAGLE HEILUNGSBUCH
(The White Eagle Lodge Book of Health and Healing)
176 Seiten, (DM/Sfr. 28.-/ÖS210.-) 1. Auflage

VOM LEBEN NACH DEM LEBEN

In diesem Büchlein schildert White Eagle, was den Menschen, wenn er seine physische Hülle abgestreift hat, in der jenseitigen Welt des Lichts erwartet. Für die Trauernden und all jene, die den Tod und die Trennung fürchten, bringt der Autor Trost und die Gewißheit, daß das Leben weitergeht.

Dem Leser wird ferner gezeigt, wie er mit jenen, die hinübergegangen sind, eine seelische Verbindung herstellen kann. Durch seine richtige Einstellung zum Tod – dem Leben nach dem Leben – baut sich der Zurückgebliebene eine unsichtbare Brücke, welche die irdische Welt mit der himmlischen verbindet.

62 Seiten, Einband glanzlaminiert, 11 x 19 cm

WUNDER DES LICHTS

Auf schlichte Weise belehrt uns White Eagle über den Sinn und Zweck des Lebens auf Erden. Er schildert, wie der Mensch von den höchsten Sphären des Lebens in die Beschränkung der Inkarnation auf die Erde absteigt, um Erfahrungen zu sammeln und, durch diese Erfahrungen bereichert, zuguterletzt ein leuchtendes Wesen zu werden. Das Streben nach Licht, die Wunder, welche die großen Eingeweihten vollbringen können, das Geheimnis von Gesundheit und strahlender Kraft, der Pfad des Dienens und der Bruderschaft, die Kontinuität des Lebens im Jenseits sind Themen dieses Büchleins.

Hinter allem Geschehen auf Erden, im Leben der Nationen und des Einzelnen, steht ein großer, göttlicher Plan, der den Menschen auf seinem Entwicklungspfad zur Vollkommenheit führt.

64 Seiten, Einband glanzlaminiert, 11x19 cm

IN DER STILLE LIEGT DIE KRAFT

Dieses kleine, handliche Büchlein in Taschenformat enthält eine Auslese der markantesten Stellen aus White Eagle's Ansprachen an seine Schüler.

Wer sein Leben meistern will, seine Probleme lösen möchte, und wer bestrebt ist, sein Karma auszugleichen, der lese täglich einige der Weisheitsworte, die das Büchlein enthält. Er wird finden, wenn er White Eagle's Lehren beherzigt, daß er besser mit seinen Mitmenschen auskommen und die kleinen und großen Prüfungen des Lebens leichter bestehen kann.

Es ist dem Wahrheitssucher ein Wegweiser, um mutiger und freudiger auf dem geistigen Entwicklungspfad voranzukommen.

56 Seiten, Einband glanzlaminiert, 11x19 cm

WHITE EAGLE MEDITATION

In diesem Buch gibt White Eagle Ratschläge und praktische Anweisungen zur gefahrlosen Ausübung der Meditation allein oder in kleinen Gruppen. Die uralte Methode des Meditierens ist dem heutigen Zeitgeist angepaßt. Bei ausdauernder Übung kann der Wahrheitssucher Erweiterung seines Bewußtseins erlangen sowie in Kontakt mit höheren Wesen kommen, die seine geistige Entwicklung fördern, sein Weltbild erweitern und ihn an Leib und Seele zur beglückenden Gesundheit führen.

118 Seiten, Einband glanzlaminiert, 13x20 cm

WEISHEIT VON WHITE EAGLE

wurde aus Vorträgen zusammengestellt, die White Eagle in England vor einer Gruppe von Studenten der Esoterik gehalten hat.

Der Leser erfährt in diesem Buch, warum Boten aus höheren Sphären bereits zu Beginn der Menschheit auf die Erde kamen und sich auch heute wieder auf mannigfache Weise kundtun.

White Eagle widerlegt die vermeintliche Sinnlosigkeit des Lebens und hilft den Menschen, ihre Ängste zu überwinden.

Welten von unendlicher Schönheit jenseits unseres materiellen Begriffsvermögens tun sich auf und enthüllen einen weisen, göttlichen Plan, welcher der geistigen Höherentwicklung der Menschheit dient.

White Eagle sagt von sich, daß hinter ihm und seiner Botschaft eine Vielzahl von Wesenheiten stehen, die, wie Glieder in einer Kette, die irdische Welt von Stufe zu Stufe mit den höheren Sphären verbinden.

Er bringt uns seine Weisheit in schlichten, gut verständlichen Worten, die wegen ihrer Schlichtheit, inneren Kraft und spürbaren Liebe spontan überzeugen.

95 Seiten, Einband glanzlaminiert, 11x19 cm

INDEX DER GEBETE NACH TITELN